青鸟童书

只做对得起时间的书

北京科技大学　北京科学学研究中心　专家审定

（排名不分先后）

王道平教授　　　　　于广华教授
徐言东高级工程师　　孙雍君副教授　　卫宏儒副教授
芮海江副教授　　　　韩学周副教授　　杨丽助理研究员

|全景手绘版|

孩子读得懂的
人类简史

◎ 王阳 著　　◎ 詹蕾 绘

北京理工大学出版社
BEIJING INSTITUTE OF TECHNOLOGY PRESS

目录

1 人类活动大舞台　　　　　　　　// 02

2 人类祖先的迁徙之旅　　　　　　// 04

3 原始人的日常　　　　　　　　　// 06

4 几万年前的艺术家　　　　　　　// 09

5 播下种子　　　　　　　　　　　// 10

6 从以物易物到货币的诞生　　　　// 12

7 从氏族到国家　　　　　　　　　// 14

8 从石器时代到铁器时代　　　　　// 16

9 两河之间的美索不达米亚文明　　// 18

10 尼罗河带来的古埃及文明　　　 // 20

11 印度河滋养的古印度文明　　　 // 22

12 万里长城万里长　　　　　　　 // 24

13 西方文明的摇篮——古希腊　　 // 26

14 条条大路通罗马　　　　　　　 // 28

15 轴心时代的思想家　　　　　　 // 30

16 好战的维京人　　　　　　　　 // 32

17 住进大城堡　　　　　　　　// 34

18 伟大的发明家　　　　　　　// 36

19 遍布世界的商人　　　　　　// 38

20 湮埋在美洲丛林里的神秘文明　// 40

21 文艺复兴　　　　　　　　　// 42

22 大航海　　　　　　　　　　// 44

23 "羊赶人"的圈地运动　　　　// 46

24 "踢"出来的工业革命　　　　// 48

25 "移民"建立的国家　　　　　// 50

26 电气时代的小镇缩影　　　　// 52

27 世界大战　　　　　　　　　// 54

28 最大的"国"　　　　　　　// 56

29 信息技术革命　　　　　　　// 58

30 全人类的大事　　　　　　　// 60

31 受伤的地球和人类的未来　　// 62

❶ 大约46亿年前,一个叫地球的"孩子"诞生在宇宙中,一开始,它是个全身冒火的"危险分子"。

❷ 据科学家推测,曾经有一颗名叫"忒伊亚"的行星撞向了地球,它的一部分融入了地球,而另一部分飞向太空,变成了月球。这次撞击,让地球的"脾气"温和了许多,也为生命的诞生创造了条件。

1 人类活动大舞台

很久很久以前,太阳系中有个由岩浆组成的巨大火球,刚刚出生的她脾气非常暴躁,不断向外部释放火焰和能量。

随着时间的推移,这个"孩子"慢慢长大,温度逐渐下降,慢慢形成了一层岩石包裹的"外衣"。

又过了很久,火球外面形成了原始大气层,越来越多的水蒸气凝结成小水滴,再落到地表,形成了原始海洋,这个暴躁的"孩子"终于成长为温柔的"母亲",在海洋中孕育了一个个小小的生命。

这位"母亲"就是地球,我们人类就是她的孩子。到目前为止,人类大约存在了200万年。

人类是如何产生的?地球是否只孕育了一种人类?我们的祖先真的是猿吗?接下来,就让我们带着疑问一起去看看吧。

❺ 大约2.5亿年前,恐龙成为地球上名副其实的霸主。但在6500万年前的某一天,它们突然灭绝了。

❹ 大约5.4亿年前,地球上出现了生物演化史上最为壮观的"寒武纪生命大爆发",涌现出一大批现代生物门类的祖先,包括节肢动物、腕足动物、蠕形动物、海绵动物、脊索动物等。这一时期最有名的动物当属三叶虫了。

❸ 地球表面慢慢冷却下来，出现了原始海洋；大约35亿年前，原始海洋中出现了第一种原核生物；约31亿年前，地球上出现了最早的能够进行光合作用的生物——蓝藻。

❻ 大约4500万年前，地球上出现了类人猿。又经过了几千万年的演化，现代人类的祖先——智人登场了。

不过，当时地球上人属的成员可不止一种，智人还有很多"兄弟姐妹"，比如尼安德特人、直立人、梭罗人、弗洛里斯人、丹尼索瓦人、鲁道夫人等。因为种种不明原因，他们都消失在了历史长河中，最后只剩下了智人一种。

❼ 根据现在主流的"非洲单源说"，现在地球上所有人类的祖先都来自非洲，是从非洲迁徙到世界各地的。

03

2 人类祖先的迁徙之旅

现代生物学家通过研究人类的线粒体 DNA 发现：现在地球上所有人类的祖先都来自非洲。在生息繁衍的过程中，人类因为各种原因离开原来的栖息地，不断向周围迁徙。那么，在很久很久以前的史前时期，人类是如何"漂洋过海"地迁徙，又是在什么时候到达各个大洲的呢？

大约 250 万年前，最早的人类在东非开始演化，大约 200 万年前，这些远古人类中有一部分选择离开家园，踏上迁徙之旅。

最早开始迁徙的是直立人，他们于大约 180 万年前，通过了黎凡特走廊，迁往欧亚大陆；随后是海德堡人，他们大约在 60 万年前离开非洲，其中的一部分后来演化成尼安德特人。不过，这两次走出非洲的人类都因为各种原因灭绝了。

大约 20 万年前，现代人类的祖先——智人在非洲大致完成演化，也踏上了迁徙之旅。这时的非洲之外，还生活着一些其他的人种，比如亚洲的北京猿人、爪哇直立猿人、欧洲的尼安德特人等。智人在迁徙的过程中极有可能与他们产生过交集。

❷ 大约在 6 万年前，智人的后代已经扩散到亚洲东部和西伯利亚等地，还有一部分开始从中亚出发，向欧洲前进，在约 4.5 万年前，智人到达了第二个大洲。

❶ 迁徙的智人后代越走越远，大约 7 万年前，其中一部分沿着"撒哈拉通道"走出非洲，来到亚洲的土地上。这是智人走出非洲之后来到的第一个大洲。他们在中亚的两河流域停留了一段时间，然后一部分后代向东扩散到南亚的印度和东亚地区。这时的欧洲还只有尼安德特人生活。

❹ 大约 1.6 万年前，地球处于末次冰盛期，亚洲和北美洲之间的白令海峡海平面下降，形成"陆桥"，一批智人通过现已消失的白令陆桥抵达**北美洲**，这是智人到达的第四个大洲。

❸ 大约 4.5 万年前，一部分智人经过亚洲和太平洋中的一些小岛，成功来到**大洋洲**。当时的地球正处在第四纪冰川期，海平面比现在要低得多，东南亚沿海的很多海底裸露，形成新的陆地，智人只需要制作简单的木筏就能登陆大洋洲，这是智人到达的第三个大洲。

❺ 到达北美洲的人类继续向南前进，最终在 1.2 万年前到达**南美洲**，这是智人到达的第五个大洲。至此，地球上除南极洲外，都有了人类的足迹。

　　迁徙到世界各地的智人后代，为了适应不同地区的自然和地理环境，出现了相应的演化，最典型的就是皮肤颜色了。

　　生活在赤道附近的人有着深色的皮肤，可以帮助他们抵挡紫外线；生活在高纬度地区的人因为需要吸收更多的阳光，以刺激维生素 D 的形成，因而皮肤里的色素极少，也就是白皮肤；而生活在高、低纬度之间地区的人渐渐形成了黄色的皮肤。

　　按照皮肤的颜色和体质特征的差异，现在全世界人类被分为三大人种：蒙古人种（黄色人种）、高加索人种（白色人种）、尼格罗人种（黑色人种）。

3 原始人的日常

原始社会时期，人们的生存非常艰难，不仅要对抗恶劣的自然环境，还要通过狩猎和采集获取食物。这些工作往往不是一个人就能够完成的，所以那时的人们就已经学会了合作，通过组成部落，进行集体生活。

在史前时代，优秀的原始人就已经学会了用石头制作各种工具，还学会了使用火。不过，可别以为我们的祖先只会使用石头，经过不断地积累经验，他们还学会了盖房子、冶炼金属、缝制衣服、制作陶器等技能。今天就让我们穿越时空，去体验一下原始人的日常。

原始人的**狩猎**对象主要是兔、鼠、羊等小型动物。不过，当他们学会使用工具之后，狩猎对象也可以包括一些凶猛的大型动物，比如猛犸象和洞熊，有时他们可能还需要一些陷阱的帮助。

除狩猎外，人们还可以通过**采集**野生植物来获得食物，这种活动的危险性显然要小得多。当然，也可能会采到一些有毒的食物，当人们的经验积累到一定程度后，就知道如何规避这类风险了。

> 这种蘑菇有毒，不能吃。

当人们**学会用火**以后，就可以把食物烤熟了吃，熟食能够减少疾病的发生，对大脑发育也很有帮助。

工具是原始人生存的一大利器，所以**制作工具**是原始人每天生活的重要内容。早期的工具有石制的、骨制的、木制的……石制的工具又分为早期的打制石器和后来的磨制石器。你看，小小的工具，学问可大着呢。

住在水边的人们，可以从水中**捕鱼**，他们使用的主要工具是网兜和鱼叉。

原始人发现火烧过的泥巴会变得坚硬，于是学会了**制作陶器**。这些陶器虽然样式简单，但已经开始注重美化和装饰了。

爱美是人的天性，原始人也不例外，他们用贝壳、动物的牙齿和骨头等制作各种好看的**装饰品**。

为了抵御风雨和严寒，人们学会了建造简单的**房屋**。不过，也有些人更喜欢住在天然的山洞里。

穿新衣咯！

原始人已经学会用骨头磨成的针**逢制衣服**，衣服的材料一般为兽皮。

07

　　史前艺术家有不少神奇的绘画工具，最常用的就是烟灰和烧焦的木炭，它们既方便又易得。在法国东南部的 肖维岩洞 中就发现了大量 3.6 万年前的史前炭绘壁画。

　　史前艺术家的颜料主要是各种天然的矿物颜料，比如红色或黄色的赭石，黑色多是用木炭和动物脂肪混合而成。在南非的 布隆伯斯洞穴 中，考古学家发现了一些装有红褐色赭石颜料的大贝壳。

　　调制好颜料后，他们会把这些颜料装进芦苇管或兽骨做成的吹管中，吹喷到岩壁上。有些艺术家也会用嚼过的树枝或动物毛做成的刷子，在勾好的轮廓内填充颜色。距今约 1.2 万年前的西班牙 阿尔塔米拉洞窟，是旧石器时代晚期洞窟艺术的代表之一，考古学家在这里，发现了 150 多幅色彩丰富、栩栩如生的壁画。

　　你是否曾用手蘸取颜料随意涂鸦呢？有时候，人的手就是最简单的绘画工具，史前艺术家也非常喜欢这样做。在阿根廷南部 平图拉斯河附近的一个山洞 中，就发现了许多远古人类留下的谜一般的手印。

　　除常见的动物画外，史前艺术家还留下了很多神秘的符号，在法国 拉斯科洞窟 的壁画中，一幅野牛图的旁边就有一个鸟头人身的符号，这个符号很可能代表了伪装成动物的猎人，也有人认为它代表了正在祈求狩猎丰收的巫师。

4 几万年前的艺术家

艺术和科技是推动人类进步的两驾马车，艺术负责创造梦想，科技负责实现梦想。

早在 3 万多年前，处于旧石器时期的晚期智人就开始在山洞的岩壁上作画了，他们应该是这个世界上最早的艺术家。这些洞穴画作的题材非常丰富，有各种狩猎场景和史前动物，还有神秘的符号，史前艺术家甚至已经学会了给作品上色，真是太神奇了。

除了绘画外，史前艺术家还创造了很多雕塑作品。在德国施泰德洞穴中发现了约 3.2 万年前用象牙雕成的"狮子人"。

史前艺术形式还包括音乐和舞蹈，那时演奏的主要乐器有笛、哨、鼓、铃等。在斯洛文尼亚的迪维·巴贝洞穴中发现了 4.3 万年前用幼年洞熊股骨制作的骨笛，这可能是世界上最早的骨笛。

在缺乏娱乐活动的原始社会，舞蹈是生活中必不可少的放松形式。大部分时候，舞蹈是和日常劳动有关的，比如庆祝丰收时表达喜悦的肢体动作；有些舞蹈还会和神灵崇拜联系起来。

5 播下种子

大约 1.2 万年前，人类开始在荒地上播种粮食、驯养动物。通过对野生动植物进行驯化，人类的食物来源逐渐变得丰富、稳定，足够的食物让人口数量开始增多，生活也慢慢安定下来。不过，种植作物和驯养动物可都不是容易的事儿，一起来看看吧。

❹ 土地平整后就可以播种了，将作物种子在合适的季节撒进土地里，它们就会慢慢长大，一天一个样子。

播种

除草、浇水

出苗

❺ 播下种子后，还要定期清理田中的杂草，这可是一件非常烦琐的工作，因为野草会不断地长出来。

成熟

❼ 粮食成熟以后，就可以用石镰等工具收割了。收获的粮食需要建造谷仓来存储，用石杵和石臼进行研磨脱壳，就可以用它来制作食物啦。

收割

❻ 作为一个农夫，要定期给作物浇水、施肥，还要保护它们不被鸟类、害虫等伤害。

小麦　水稻　玉米　马铃薯　大麦　葡萄

猪　牛　骆驼　马　羊　鸡　狗

❽ 公元前 9500—前 3500 年，人类祖先驯化的植物有小麦、水稻、玉米、马铃薯、大麦、葡萄等。除驯化植物外，人们还驯养了很多动物，比如猪、牛、骆驼、马、羊、鸡、狗等，它们可以为人类提供肉食，有些动物还能帮助人类劳动。

与定居下来耕种的人们不同的是，有一群人学会了游牧的生存方式。游牧者骑在马背上，赶着羊群或牛群，哪里有水草就去哪里放牧。他们通过放牧获得食物和皮毛，也会从定居者手中换取他们无法生产的物品。

❶ 要种地，首先你得有一块地，在开荒这件事上，火可以帮你很大的忙，因为火烧过后的土地会变得松软，草木灰还能提升土壤肥力。

❷ 烧出一块地之后，你还需要把地表的大石头拣出来，作物可不喜欢和石头一起生长。

❸ 在播下种子之前，还需要让土壤变得疏松，耒可以帮你这个忙。如果你幸运地拥有一头牛，就可以将牛赶入田间来回走动，让它将泥土踩碎、踩烂，达到耕种的要求。

6 从以物易物到货币的诞生

如果我告诉你，在很久之前，人们曾经将贝壳当作货币使用，你会感到很惊讶吗？其实，除了贝壳，我们平时吃的盐、小麦等物品也曾经被当作货币使用。人们为什么要把这些当作货币使用呢？后来的金属货币又是怎样产生的呢？一起去看看吧。

❶ 随着农业和畜牧业的迅速发展，人们除了能填饱肚子外，还拥有了 **剩余物品**。这些剩余物品主要包括粮食、盐、动物皮毛和肉类等。

哈哈，有余粮了！

❷ 不过，由于各部落所处的地理位置不同、产出不同，部落里每个家庭剩余的东西也不尽相同。于是，部落与部落之间、家庭与家庭之间就需要进行交换，这就是最早的 **交易**。

抢劫者

❸ 这时候的交易在大部分情况下都能成功，人们可以顺利得到自己想要的东西。不过，难免会有 **不遵守规则的人** 存在。比如，某些人会埋伏在交易的路上抢劫别人的货物。

❹ 为了更为便利地进行交易，一些部落就互相约定：大家一起去一个交通方便且便于饮水和清洁货物的地方。这样，最早的 **集** 就产生了。

❺ 随着时间的推移，赶集交易的人越来越多，赶集的次数也越来越频繁，于是，一些集市就慢慢发展成为城市，还有了专门从事交易的 **商人**。

❻ 最早的贸易是以物易物，就是用物品来交换物品。这种形式有两个很严重的问题。

第一，用来交换的物品必须同时满足双方的需要。比如，张三想要用小麦换李四的羊，李四却想要盐，于是，张三就要先找王麻子换来盐，再用盐换李四的羊，非常不便。

第二，很多商品不容易保存，比如肉类和水果等，时间一长，很容易变质。

兽皮

❼ 于是，人们想到一个办法：用不容易变质且能在各部落之间通用的物品作为媒介来交换商品，这个媒介就是一般等价物，也就是实物货币。实物货币的种类非常多，贝壳、盐、小麦、动物的皮毛和牙齿等都曾作为货币。

❽ 不过，这些五花八门的货币都有问题，比如大小不同、不方便切割、不方便携带等。后来，人们就发明了金属制成的货币，如中国的刀币和铜钱、古希腊的金币等。金属货币，尤其是国家铸造的金属货币，能够作为衡量其他商品价值的标准尺度，在长期的市场交换中逐渐取代了实物货币，极大地推动了商业的发展。

13

7 从氏族到国家

历史的车轮继续向前滚动，种植和养殖让一部分人渐渐定居下来，形成部落。这时候，既没有国家，也没有军队，当然也没有穷人和富人，所有人都生活在一个"大家庭"中，大家的身份相同，拥有的财富也相等。你们一定很好奇：部落是怎么产生的？城市是如何形成的？国家又是怎么一回事？接下来，就让我们跟随历史的车轮去看一看，氏族和国家是如何形成的吧。

❶ 在原始社会，人们最初是以血缘关系自然形成的氏族形式聚居住在一起的。氏族慢慢壮大，开始出现矛盾，急需一个负责调解矛盾、领导族人的**首领**出现。氏族的首领一般由有威望的长辈来担任，首领负责部落财产的分配。由于早期生产力水平低下，食物获取艰难，所以这些食物必须公平地分给每一个人，才能保障人们的生存。

❷ 后来，氏族继续壮大，几个氏族融合到一起，形成部落。人们学会了种地，还学会了养猪、养羊，大家不用辛辛苦苦地出去打猎了，食物不仅够吃，还能存下不少。这些多出来的食物留足部落公有的部分，剩下来的就成为家庭的**私有财产**。作为分配财富的部落首领，从一开始就比别人占有更多的耕地和牲畜。

❸ 随着生产力的发展，在原始社会后期出现了金属工具。金属工具的使用促进了农业的发展，产生了由共同劳动向个体劳动过渡的条件，同时推动了**社会分工**的出现，制陶、制作皮革、酿酒、冶炼、金属加工等**手工业**发展起来了。

❺ 在战争中，获胜的一方获得了大量的土地、人口和财富，变得强大起来。有的部落为了对抗掠夺，开始结成同盟，于是 部落联盟 出现了。

❻ 为了抵抗外敌入侵，一些部落会在居住地外围 修建城墙，早期的城墙多由泥土夯筑而成。在水源充足的地区，人们还想出了 引水卫城 的好办法。有了这些防护措施，居住地更加安全了。

❹ 随着时间的推移，部落的人口越来越多，土地就不够用了。于是，首领带领着族人寻找新的土地，同时也开始打一些富裕部落的主意，战争 就不可避免地发生了。

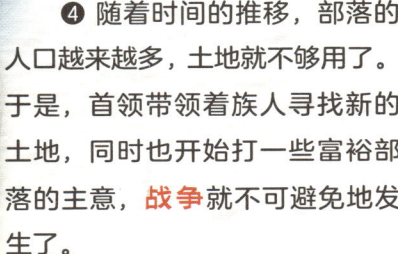

❼ 部落之间的联盟和战争，让一些部落首领的管辖地区越来越大，一个人根本没有办法进行统治了。为了管理自己的土地，首领建立了 军队，委任了很多 官员。

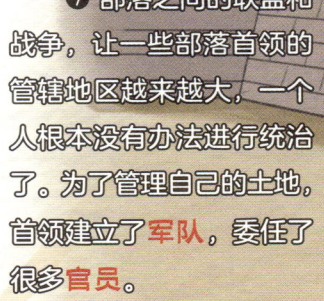

❽ 有固定的领土和人民，还有自己的行政机构和军队，这基本上已经是一个 国家 了。于是首领给自己起了个十分威风的名字——国王，还给自己打造了王冠，制作了特别的服装，用来显示自己尊贵的身份。

世界上第一批国家组织型社会就出现在5 500多年前的美索不达米亚和埃及，而古巴比伦、古埃及、古印度和古中国是世界上公认的四大古文明发源地。想了解更多故事，就让我们继续往下看吧。

旧石器时代

从大约 250 万年前到 1 万多年前，人类的祖先处在旧石器时代。这一时期，为了抵御野兽的袭击，也为了更好地猎取动物，人类开始制作石器。不过，当时的人类活动受自然条件的限制很大，石器大多是打制而成的，十分粗糙。

人们在河滩上挑选坚硬的石料作为材料，用石头、鹿角和硬木等剥片工具在石料的特定部位进行打击、敲砸或挤压，使其局部破裂，从而获得片状的坯材。这些片状坯材中形状、大小合适，且边缘锋利的可以直接使用；剩下的还需要在其边缘、尖部等部位进行"二次修理"。石料被剥去多余石片后遗留下来的"石核"部分就是打制石器的成品了。

① 挑选　② 剥片　③ 精修　④ 成品

拓展

在漫长的旧石器时代，人类不仅学会了制作和使用石器，还学会了用火。那时候的人们在打造石器时喜欢用石英、燧石等硬度较高的材料，在对燧石进行敲、磨、刮等加工时意外擦出了火花，学会了用 **燧石取火**。

8 从石器时代到铁器时代

人类和动物最大的区别之一，就是会制作工具。在旧石器时代，人类的祖先就已经开始尝试制作工具了。到如今，人类所使用的工具经历了漫长的演变，伴随着工具的改进，人类一步步走向更加繁荣、光明的未来。现在，就让我们穿越时空，看看从旧石器时代到铁器时代，人们都制作出了什么样的工具，又是如何使用它们的吧。

青铜时代

公元前 8000 年左右，人类学会了使用自然铜制作工具和武器。自然铜（红铜）多暴露在地表，容易采集，但质地软、产量少，因此最初很少用来制作工具，多是作为饰品。公元前 5000 年左右，人类学会了冶炼铜矿石。经过冶炼和锻打，铜的质地变得坚硬，铜器渐渐取代了石器。铜器的广泛应用，标志着人类进入青铜时代。

① 高温熔化　② 倒进放置好内范的模具中　③ 冷却后打破模型，露出铜器　④ 擦拭和修整边边角角

刚造好的铜器金光闪闪，经过长期氧化后会出现铜绿。

新石器时代

大约在1万年前，人类进入了新石器时代。这时候人们学会了建造简易的小木屋和"刀耕火种"的种植方式，砍下树木的枝干用来建房子，树木的枯根、朽茎等和杂草一起晒干后堆在待耕种的土地上用火焚烧。经过火烧的土地会变得松软，草木灰能在短时间内增加土壤肥力，而砍木材、修木材这些工作都需要更加方便使用、锋利的斧头。

同时，农业的发展也需要新的工具，比如可以翻土的锄头（石锄），可以收割庄稼的镰刀（石镰）等。过于粗糙的打制石器显然没有办法胜任，于是，更加精致和实用的磨制石器应运而生。

铁器时代

人类最早发现的铁是从陨石中得到的陨铁，古埃及人认为这是神灵的赏赐，把陨铁当作神物供奉，看得非常珍贵。到了公元前1400年前后，小亚细亚地区一个叫赫梯的国家发明了生铁冶炼技术并开始大规模使用铁器，率先进入铁器时代。后来，腓尼基人将这项技术传播到欧洲各地，使铁器开始广泛应用。与青铜器比起来，铁器更加坚硬，原材料更加丰富，其需求很快就超过了青铜器。

9 两河之间的美索不达米亚文明

在亚洲西部，地中海的东岸，有两条大河从山脉中蜿蜒流出，最终一起汇入波斯湾。它们是幼发拉底河和底格里斯河，两河之间的平原被人们称为美索不达米亚平原。在这片肥沃的土地上，苏美尔人、阿卡德人、阿摩利人、亚述人等先后定居并建立国家，创造了世界上最早的文字，还修建了世界上最早的学校和图书馆，产生了最古老的文明。

苏美尔人和楔形文字

苏美尔人是最早在两河流域定居的居民，大约 7000 年前，他们就迁徙到了两河流域南部地区。大约 5000 年前，他们率先进入文明时期，建立了许多城邦国家，其中比较重要的有乌鲁克、乌尔、基什、拉伽什等。苏美尔人还发明了世界上最早的象形文字——楔形文字。人们用削尖的芦苇秆或木棒把文字刻在软泥板上，再把软泥板晒干或烤干，使文字可以保存很久。正是有了这些文字，我们才能了解几千年前苏美尔人的生活。

先进的农业

除发明了文字外，聪明的苏美尔人还学会了用泥砖建房子，挖沟筑渠发展灌溉农业。

干旱的气候和定期泛滥的河流，催生了美索不达米亚平原先进的灌溉农业。人们挖运河，并定期清除淤泥、修整堤坝，修建水渠、水库和蓄水池等水利设施来给农作物生长提供有利条件，以此对抗旱灾和水灾。

拓展

面包和酒

苏美尔人种植的作物主要有大麦、小麦、鹰嘴豆等。大约 4000 多年前，苏美尔人就开始大量制作和食用面包了。他们先把大麦磨成面粉，和面、发酵之后加入蜂蜜和椰枣汁调味，然后进行烘烤，制成美味的面包。除面包外，苏美尔人还掌握了成熟的酿酒技术。

考古学家从苏美尔古城中发现了大量砖砌炉灶、多眼烹饪灶和酿酒用的炉子、圆桶等。

汉谟拉比法典

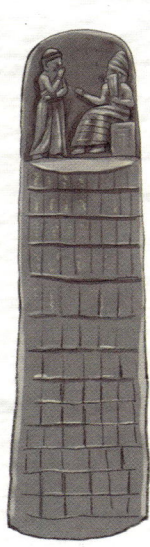

公元前 1894 年左右，阿摩利人在两河流域建立了古巴比伦王国。

约公元前 1754 年，古巴比伦王国第六任君主汉谟拉比颁布了《汉谟拉比法典》，这是世界上第一部比较完备的成文法典。这部法典刻在一根巨大的黑色石柱上，石柱的上端是汉谟拉比王从天神的手上接过权杖的浮雕，下面是用楔形文字写的法典正文。现在，这部法典存放在法国巴黎的卢浮宫中。

最早的学校

大约 4000 多年前，美索不达米亚地区就出现了世界上最早的学校。因为当时的主要学习工具是泥板，所以这时的学校也被称作"泥板学校"。

1933 年，考古学家在位于幼发拉底河中部的马里城址遗迹中发掘出一所房舍，被认为是目前发掘的世界上最早的学校。这处房舍包括一大一小两间教室和一条通道，大教室里有四排石凳，小教室里有三排石凳，里面还放着学生们的作业泥板。

巴比伦城和空中花园

巴比伦城是两河流域最灿烂辉煌的古代城市，古巴比伦王国以此为国都，公元前 689 年为亚述王西拿基立所毁，不久后又经新巴比伦王国重建。重建后的新巴比伦城宏伟壮丽，城中最著名的建筑就是"空中花园"和巴别塔。"空中花园"相传是巴比伦国王为王后所建的宫殿，巴别塔是巴比伦人的守护神马尔杜克的神庙。

10 尼罗河带来的古埃及文明

在非洲广袤的大沙漠中流淌着一条古老而神秘的大河——尼罗河。它每年会定期发洪水，但这也不是什么坏事儿，因为洪水退去后的岸边，会留下一层肥沃的土壤，非常适合耕种。

大约 7000 年前，一群人来到尼罗河下游的法尤姆地区定居，建造房屋，在河水退去的土壤上耕作，久而久之，形成了灿烂的古埃及文明。你可能听说过神秘的法老金字塔和恢宏的卡纳克神庙，它们都是古埃及文明杰出的代表！

军队

古埃及的法老拥有强大的军队，他们经常坐着战车参加战斗。

相传，在公元前 3100 年，上埃及国王美尼斯征服了下埃及，完成了埃及南部和北部的统一，并建立起世界上首个大一统国家——**古埃及第一王朝**。王朝的统治者被称为法老，拥有至高无上的权力。

泥巴房

莎草制作的小船

古埃及人相信，人死亡后灵魂会永远存在。为了保存身体，他们将故去亲人的尸体做成木乃伊。

小麦

壁画

古埃及人非常热爱艺术，留下了很多壁画与雕塑作品。

服饰

古埃及人不论男女，都喜欢穿亚麻布做的长袍，上面有各种图案和装饰品。

文字

圣书体是古埃及人发明的象形文字，后来被废弃而失传，千余年后，罗塞塔石碑的发现，对破译古埃及象形文字起到了重要的作用。

金字塔

金字塔是法老的陵寝，历代法老都会花费大量的时间和财力去建造他们死后的居所。

建造金字塔的石料巨大，最重的可达 50 多吨。谁也不知道当时的工匠们是怎样把这些巨石运到建筑工地再堆砌起来的。人们猜测，它们是通过尼罗河水顺流而下到达工地，然后通过人工挖掘的水道到达预定位置，利用土堆成的斜坡和木质滚轴建成的。

音乐

古埃及人的乐器非常多，最具特色的就是贝尼琴了。他们经常在宴会上载歌载舞，还有专门的乐师和乐队。

尼罗河

古埃及人信奉太阳神阿蒙，并为他建造了巨大的神庙，其中最著名的一座是卡纳克神庙。

尼罗河每年定期泛滥，洪水退去后，留下的黑色淤泥是上好的肥料。大约 7000 多年前，埃及人的祖先来到这里，种植小麦和大麦，牧牛、钓鱼、捉野雁，编织亚麻布，用泥砖盖房子，过着相对富足的生活。

莎草

印度河滋养的古印度文明

人类的文明离不开河流，古印度文明最早在印度河流域兴起。印度河充足的水源让人们能够种植农作物。大约5000多年前，印度河平原上出现了很多村镇，形成了以哈拉帕、摩亨佐·达罗等大城市为中心的古印度文明。因为这一时期的城市遗址首先在哈拉帕地区发掘出来，所以古印度文明也被称为哈拉帕文明。

达罗毗荼人

达罗毗荼人是哈拉帕文明的创造者，也是南亚次大陆的原住民。他们在印度河流域发展农业生产，种植水稻、大麦、小麦、棉花等作物。他们是最早种植棉花并用棉花织布的人，还创造了结构独特的文字，发明了相当精密的度量衡，建立了高度发达的城市经济，并和其他文明有着广泛的贸易往来。

摩亨佐·达罗与城市文明

哈拉帕和摩亨佐·达罗是早期印度河流域文明两座最重要的城市，其中摩亨佐·达罗的城市遗址保存相对完好。从已发掘的城市遗址来看，那时的城市规划极其先进，整体布局就像一张棋盘，城中大部分建筑是用红砖砌成的，有复杂的地下排水系统与供水体系，还有水井网络系统为居民提供淡水。然而，在3500多年前的某个时刻，这里的文明突然一下子消失了，这座辉煌的城市也变成了"死亡之丘"。

印度河流域充足的雨水让水稻成为那里主要的粮食作物，甘蔗和棉花等也被大面积种植。青铜农具的使用使耕作更加轻松。

婆罗门	僧侣，掌管祭祀、垄断教育
刹帝利	国王、武士、地主，负责征战和管理
吠舍	农民、牧民和商人
首陀罗	被征服的人

吠陀

吠陀是梵文"知识"的音译，是目前流传下来的印度最古老的文献材料，主要文体是赞美诗、祈祷文和咒语，是印度人世代口口相传、长年累月结集而成的重要文献。

雅利安人的入侵

公元前 1500 年左右，一支来自中亚的游牧部落入侵印度，他们自称雅利安人。在征服了当地居民后，他们建立起等级森严的种姓制度。

雅利安人身材高大，还懂得驯养马匹，畜牧业在他们早期的经济生活中占有重要地位。在肥沃的大河流域定居后，他们才逐渐转向农业，铁器的出现和普遍使用帮助他们将活动区域拓展到恒河流域。

雅利安人留下了大量以吠陀形式存在的文献材料，故这一时期也被称作吠陀时代。

象文化

印度是最早驯养象的地区。象在古印度的历史中不仅是主要的交通工具，而且是权力和地位的象征。象还是古印度军队的重要成员，经过训练的战象能像坦克一样冲散敌军阵列，给敌人带去极大的威胁。

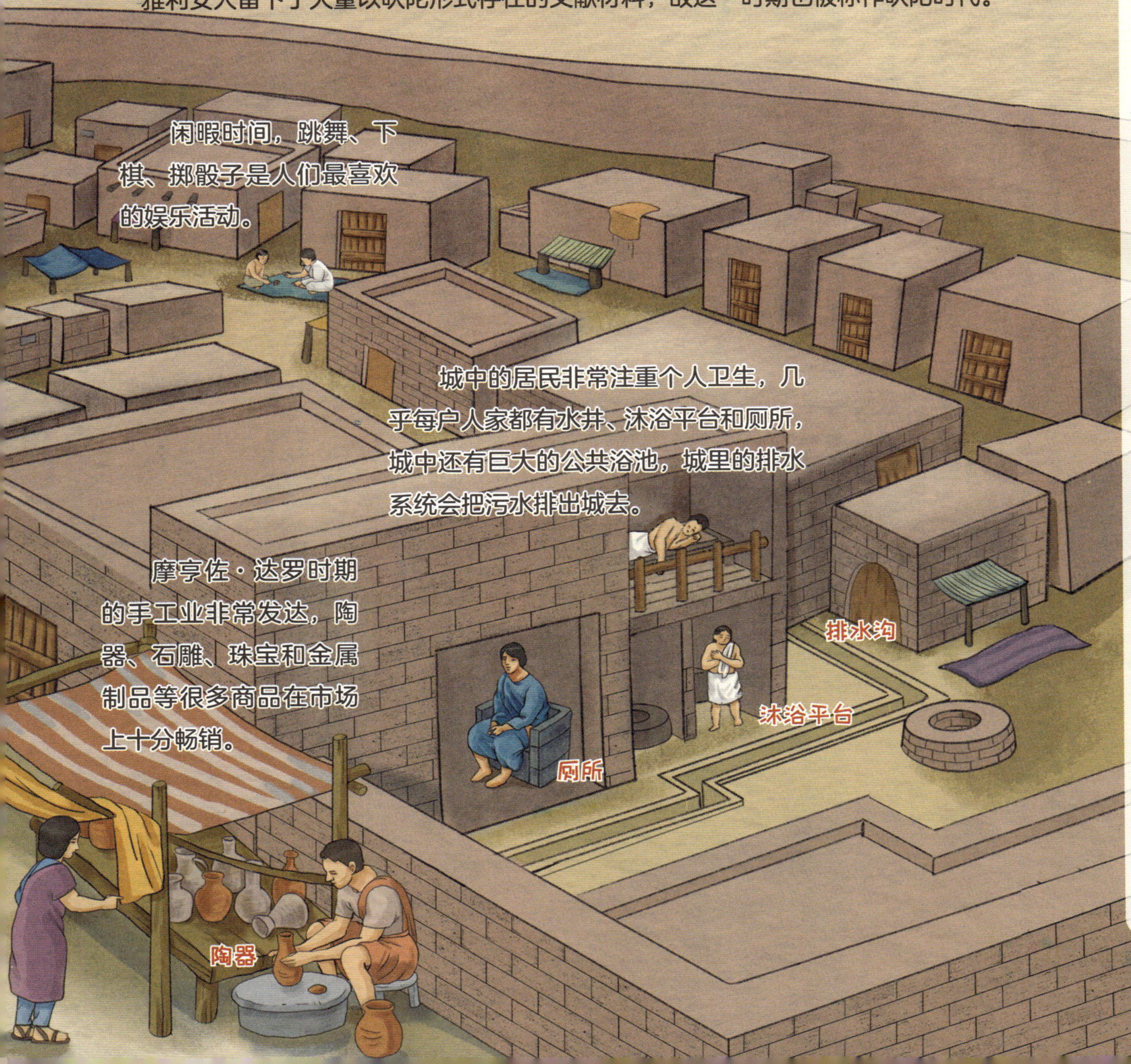

闲暇时间，跳舞、下棋、掷骰子是人们最喜欢的娱乐活动。

城中的居民非常注重个人卫生，几乎每户人家都有水井、沐浴平台和厕所，城中还有巨大的公共浴池，城里的排水系统会把污水排出城去。

摩亨佐·达罗时期的手工业非常发达，陶器、石雕、珠宝和金属制品等很多商品在市场上十分畅销。

排水沟
沐浴平台
厕所
陶器

印章文字

在印度河流域，考古学家发掘出 2 000 余枚用石头、陶土、冻石、象牙等材质雕刻的小型印章。印章上面雕刻着图案和文字，图案以当时的动物居多，有象、瘤牛、羊等；文字被认为是印度最早的文字，至今仍不能破解，人们称其为印章文字。

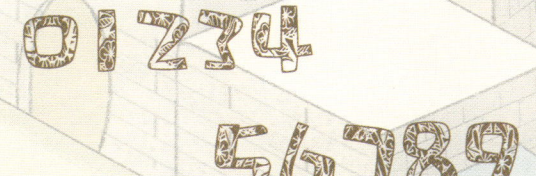

数字

古印度人为人类贡献了后世广泛应用的阿拉伯数字，之所以叫这个名字，是因为它是由阿拉伯人传到了欧洲，进而传向了世界。

12 万里长城万里长

欢迎来到古代中国。作为四大文明古国之一，古代中国的起源可以追溯到8000多年以前的炎黄时代。5000多年前，中国正式进入文明社会，经历了夏、商两代之后，周朝已经建立起宏伟的城市，发展到奴隶社会的鼎盛阶段。西周时期的都城丰镐（hào）是中国历史上最早被称作"京"的城市，在这里，一件件青铜器从匠人手中产生，市场上热闹非凡，王宫中经常举办盛大的宴会，我们一起去看看吧。

黄帝是华夏民族的人文初祖。相传在远古时代，有熊氏部落首领黄帝在统一了中原各部落之后，取各部落图腾元素进行组合，创造了"龙"的形象。龙成了中华民族的象征，中国人常自称是"龙的传人"，许多建筑、器皿、服饰上常用龙纹作为装饰。

龙还是中国神话传说中象征祥瑞的神灵，有着蛇身、鹿角、牛耳、羊须、鹰爪、鱼鳞，能够呼风唤雨、腾云驾雾，是一种神秘、威武的神异生物。

丰镐

3000多年前，黄河流域的沣河两岸兴起了两座城池：一座名"丰邑"，为周文王所建；另一座名"镐京"，为周武王所建。两座城池中间有大桥连接，合称"丰镐"。丰镐是西周时期的都城，丰邑是宗庙和园囿（yòu）的所在地，镐京为周王居住和理政的中心。城中有很多掌握在贵族手中的手工业作坊，专为王室和贵族生产各种享乐的器具。公元前770年，犬戎攻破镐京，在此之前的350多年间，丰镐一直是西周王朝的政治、经济、文化中心。

歌舞表演

丰镐想象图

长城

修筑长城的历史可以追溯到西周时期，周宣王为了抵御北方游牧民族的袭击，下令修筑列城和烽火台作为连续的防御工事。一旦有敌人来袭，守卫的士兵就会点燃烽火传递情报。春秋战国时期，诸侯根据各自的防守需要，在边境上修筑长城。秦始皇统一六国之后，将各国修筑的长城连接起来，使长城宛如一条万里长龙盘旋在崇山峻岭间，因而得名"万里长城"。

经过2000多年历朝历代的修复、兴建，长城的总长度超过2.1万千米，是人类历史上最伟大的工程之一。

青铜编钟

当、当、当！镐京城里正在举办一场宴会，宴会上使用的这个大家伙名叫编钟，这组乐器是由青铜铸造而成的。不过，千万别只把它当乐器看，它还是象征着权力和身份地位的礼器。周公制礼作乐，创建了一整套具体可操作的礼乐制度，规定了森严的等级，以维护奴隶制统治秩序。这些用于祭祀和宴饮的青铜器，被赋予了特殊的意义，成为礼制的体现。

青铜器

6500多年前，中国就已经开始铸造青铜器了。商朝的后母戊大方鼎是中国目前已发现的最大、最重的青铜器。西周时期，青铜器的铸造技艺更加精湛，有许多造型雄奇的重器传世，且西周青铜器上大多刻有铭文，是后世了解这一时期的重要史料。

甲骨文

早在3000多年前，中国人就开始使用甲骨文了。最早的甲骨文是刻在龟甲和兽骨上的，主要用来记事和占卜。后来，甲骨文也被刻在别的地方，比如刻在青铜器上的铭文、刻在石鼓上的石鼓文等，经过几千年的演变，变成我们现在使用的汉字。

制作青铜器

教育

早在夏商周时期，中国就已经出现了学校，"夏曰校，殷曰序，周曰庠"。到了西周时期，学校教育体制已经发展得比较完备，周天子在都城和地方分别设立学校，教授"六艺"，确保教育由官府把持。直到春秋末期出现了一位伟大的思想家、教育家——孔子，他提倡有教无类，创办私学，才打破了西周以来"学在官府"的局面。他所创立的儒家学说，影响了后世2000多年。

战车

战车是周朝最重要的作战工具。当时比较典型的是驷马战车，战车有2个轮子，由4匹马拉动，每辆战车上有3名士兵，左边的士兵用弓箭攻击远处的敌人，右边的士兵手中拿着长矛攻击近处的敌人，中间的士兵负责驾驶战车。

13 西方文明的摇篮——古希腊

接下来，我们去爱琴海沿岸的古希腊转一转吧。古时候的希腊并不是一个国家，而是一片地区。这片地区包括地中海东部的爱琴海诸岛和希腊半岛等地，由很多独立的城邦组成。

古希腊文明虽然只持续了约650年，却创造了非常灿烂的文明，在文学、科技、艺术方面尤为出色，被称为"西方文明的摇篮"。

公元前2000年前后，爱琴海南部的克里特岛上诞生了米诺斯文明，拉开了古希腊文明的序幕。公元前1600年，迈锡尼人在伯罗奔尼撒半岛上创造了迈锡尼文明，他们在爱琴海边上建造了一座用智慧女神雅典娜的名字命名的城邦——**雅典**，希望能得到女神的守护。

到了公元前8世纪前后，希腊出现了大大小小数百个城邦，雅典和斯巴达是其中最强大的两个。

一个城邦就是一个小国家，各个城邦之间纷争不断，很不团结，这也导致他们很难抵御外来的侵袭。

帕特农神庙

雅典娜女神守护铜像

雅典卫城

雅典卫城建在市中心最高处的山丘上，最初是防范外敌入侵的要塞，后来变成了宗教、政治的圣地，其遗留下来的建筑群、庙宇、柱式和雕刻代表了古希腊建筑艺术的最高水平。

如果你是一个古希腊人，那么不管生活在哪个城邦，崇拜神灵都是生活中必不可少的一部分。古希腊人在各个城邦中建造了很多祭祀神灵的神庙，其中最著名的就是雅典卫城中的帕特农神庙了。

民主制度

雅典对希腊文明最卓越的贡献之一是民主政治。在伯里克利时期，民主政治达到了最高潮，几乎所有成年男性公民都可以参加公民大会，商定城邦重大事务。雅典的民主理论与实践，为近现代西方政治制度奠定了基础。

集市

集市是古希腊城邦生活的中心场所，不仅可以做生意，还是公民商讨城邦事务的公共场所，经常有人在这里发表演说。

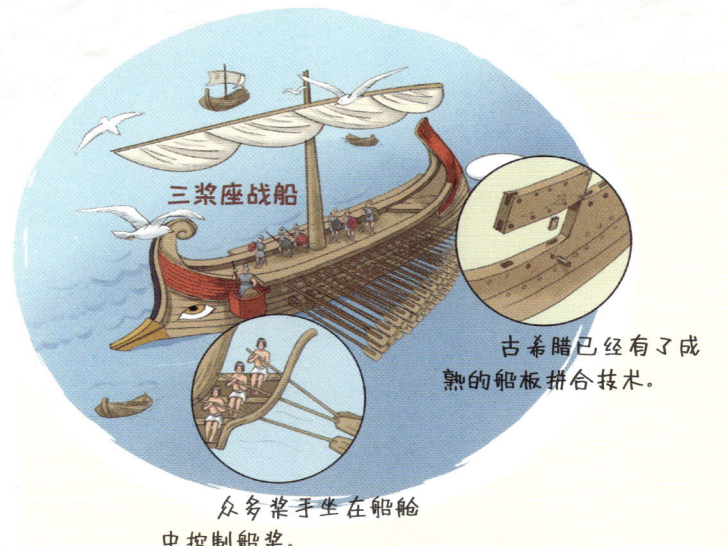

古希腊已经有了成熟的船板拼合技术。

众多桨手坐在船舱中控制船桨。

造船业

古希腊拥有非常强大的海军，大约在2500年前，人们造出了一种战斗力很强的三桨座战船，这种战船有3层桨位，整条船有150~170支船桨！这些"大家伙"在海中非常灵活，船头还装着金属撞锤，能够直接把敌人的船撞出一个大洞！

商业

依靠强大的海军，雅典成为古希腊商业最发达的城邦。在这里，你能够吃到用乌克兰小麦制作的面包、其他城邦酿造的葡萄酒，还有周边渔民捕获的海产品等。

货币

早在2500多年前，古希腊就有了货币。商业的繁荣，让古希腊的货币获得了充分的发展。但几乎每个城邦的货币都不一样，于是，雅典出现了专门的"换钱人"，他们坐在市场显眼的位置，帮人们兑换各种不同的货币。

戏剧

闲暇时间，古希腊人最喜欢的娱乐方式就是看戏剧了。雅典卫城南侧的狄奥尼索斯剧场是古希腊最古老的露天剧场，能够容纳17000名观众！

狄奥尼索斯是希腊神话中的酒神，代表着快乐与狂欢。

手工业

雅典的手工业非常发达，当时已经出现了很多专门的手工作坊和工人。如果你是一个雅典人，那么可供选择的工作机会很多，你可以当木匠、雕刻匠、石匠、金匠、花匠、鞋匠等。

14 条条大路通罗马

公元前 9 世纪初,在地中海北部的意大利半岛上兴起了一个不怎么起眼的国家——古罗马。当时谁也没有想到,在经过几百年的发展之后,这个国家会取代古希腊成为地中海的霸主,还建立起横跨亚、欧、非三大洲的罗马帝国。

一开始,罗马只是台伯河南岸的一个个小聚落。大约公元前 753 年,居住在这里的拉丁部落走向联合,他们用石头筑起城墙,用砾石铺设道路,在山丘之上建造了一座城邦,从此开始了罗马的历史。经过几百年的征战后,古罗马人凭借雄厚的军事实力,先后征服了古希腊、地中海西部及巴尔干半岛的大部分地区。公元前 2 世纪左右,古罗马成为一个地跨亚、欧、非三大洲的强大帝国,而古罗马城作为帝国的首都,逐渐发展为一个拥有百万人口、完善的给排水系统和交通系统的中心城市。罗马的发展前前后后跨越了几个世纪,因此才有了"罗马城不是一天建起来的"这个谚语。

相传,古罗马人认为这座城是战神的两个儿子——罗慕路斯和勒穆斯建立起来的,他们从小被母亲遗弃,由母狼喂养长大。因此,罗马的城徽是"母狼哺婴"。现在罗马市政府大楼附近的博物馆里还展览着一座母狼青铜像:一只母狼警惕地注视着前方,腹下有两个男婴在吮吸乳汁。

住房

古罗马时期可没有现在的高层住宅，那么多的人都住在哪里呢？不用担心，古罗马人自有办法，他们发明了一种名为"因苏拉"的建筑，这种房子和现代的出租公寓很像，所有者多是富贵阶层。每个因苏拉里都配备了公共厕所。不过，当时的厕所可不分男女的哦。

罗马帝国的疆域

罗马帝国第十三任皇帝图拉真在位期间，罗马帝国的疆域达到最大：东起幼发拉底河上游，西临大西洋，南抵非洲撒哈拉大沙漠，北达不列颠、莱茵河和多瑙河，地中海成了它的内湖。

条条大路通罗马

为了加强统治，罗马帝国以罗马城为中心，修建了通向四面八方的道路网，一旦出现叛乱，统治者就可以调集军队迅速到达出事地点，控制局面。其中的许多道路至今还在使用。

供水系统

为了解决市民的用水问题，罗马城先后修建了11条大型输水道，组成了一套完整的供水系统。为了顺利把河水引入城中，有些水道还建在高架桥上，最高的地方大约有30米。

罗马三线阵

强盛的国家需要有强大的军事实力作为支撑，古罗马建立了历史上赫赫有名的军队——罗马军团，由国家发放粮食和装备，士兵们装备精良，作战时采用"三线阵"和"剑盾阵法"，战斗力非常强。

罗马角斗场

为了显示古罗马帝国强大的威力，公元72年前后，皇帝韦帕芗下令在罗马城修建一座巨大的角斗场。这座角斗场由8万人整整修建了8年，占地约2万平方米，相当于3个标准足球场的大小，能够容纳9万多名观众。

> 早在2000多年前，古罗马人就发明了混凝土，这也是他们能修建宏伟建筑的秘密。

古代波斯

在今天的伊朗一带，波斯帝国出现了琐罗亚斯德，他创立了琐罗亚斯德教。琐罗亚斯德认为人应该永远正直和诚实，这世上有善恶二神，人应该站在善神一边，同恶神斗争。

苏格拉底　柏拉图　亚里士多德

古希腊

苏格拉底、柏拉图及亚里士多德被并称为"希腊三贤"。

苏格拉底生活在约 2500 年前的古希腊，他提出善是一切的基础，美德即知识，认为只有在灵魂提升的过程中，人类的尊严才不致独立无助。

他的学生柏拉图也是他的追随者。柏拉图的教育学说博大精深，对后世影响甚大。他希望通过教育使人的理性和德性发展起来，构建正义的"理想国"。

亚里士多德是柏拉图的学生，他是一位百科全书式的科学家，几乎对每个学科都做出了贡献。他还提倡用法律来促成全邦人民的正义和善德。

15 轴心时代的思想家

公元前 800—前 200 年，中国、古希腊、古印度和波斯等地在没有"商量"的情况下，几乎同时出现了一大批伟大的思想家。他们跨越山海的阻隔，在漫长的彷徨后，共同思考着一个问题：人类应该怎样去生活。他们的思想对后世产生了极为深远的影响，这个时期是人类精神文明的重大突破期，被历史学家称为"轴心时代"。

中国

在中国，这一时期出现了孔子、孟子、老子、墨子、庄子、韩非子等一系列重要的思想家，形成了先秦时期"百家争鸣"的繁荣景象。不同学派的涌现推动了社会文化的进步，是中国历史上的第一次大规模思想解放运动。

古代以色列

在犹太人的眼里，先知是智慧通达、能够与神交流并预知未来的人。公元前722年前后，以色列被亚述帝国打败，不得不臣服于外邦。在严重的民族危机和社会矛盾面前，一批先知自民间崛起，在祖先的土地上传播他们的思想，带领犹太人走出困境。

古印度

这一时期的古印度，出现了佛教的创始人乔达摩·悉达多。相传，他是吠陀时代古印度北部一个小国的王子，有次外出时见到路边生活困苦的子民，内心深有感触，于是决定放弃富贵享乐，创立佛教，传播教义，以求将子民从水深火热的生活现状中解救出来，摆脱"生""老""病""死"之苦。

孔子：春秋时期儒家文化的创始人。他认为应该用"礼"和"仁"来治理国家，对人民施以教化。	**孟子**：战国时期儒家学派的代表人物，他继承和发扬了孔子的学说，主张实行"仁政"，提出"民贵君轻"的民本思想。
老子：道家学派的创始人，和孔子生活在一个时代。他认为万物的本原是"道"，人活着应该顺应自然、不与人争。他还反对统治者对百姓的压迫，主张"无为而治"。	**荀子**：战国时期儒家学派的另一位代表人物，他提出"水能载舟，亦能覆舟"的观点，认为民心向背对统治者地位稳固有重要作用。
庄子：战国时期道家学派的代表人物。他继承和发展了老子的学说，认为世间万物都是相对的，崇尚精神自由。	**墨子**：墨家学派创始人。他主张"兼爱""非攻"，反对战争给人们带来灾难。
鬼谷子：纵横家的鼻祖，兵法集大成者。他的纵横之术只求实效，不顾常规，有时甚至不惜损害人民的利益。	**韩非子**：法家学派的集大成者。他主张君主要依法治国，只有实行严刑重罚，人民才会顺从，社会才能安定。
许行：战国时期农家的代表人物。他主张人人自食其力，反对剥削，反对商品交换中的欺诈行为，同时也代表了小生产者的利益。	

16 好战的维京人

790—1066 年,有一群海盗驾驶战船活跃在大西洋的海面上,侵扰欧洲沿海和岛屿,他们的足迹遍布欧洲大陆,甚至到达了北极和北美洲!这些海盗就是维京人,他们是天生的战士,也是天生的冒险家。欢迎来到海盗的世界!

维京人生活在冰天雪地里,滑雪和溜冰是十分常见的**出行方式**。当时,维京人已经发明了精美的雪橇,用这些雪橇运输货物。

维京人的故乡在北欧的斯堪的纳维亚半岛,大部分维京男人都是强悍的战士,想要成为一名合格的维京战士,从孩提时代就要努力了。维京孩子格外喜欢一些竞争激烈的**游戏**,如马术、射箭和摔跤等。

维京人居住的**长屋**用草和泥土烧制而成。保暖性很好。在寒冷的冬季,全体家庭成员围坐在火塘边取暖、做饭。固定在墙上的长椅就是他们的床。

维京人会种植一些麦类,还会饲养山羊、猪和牛等牲畜,但很多时候产出不足以支撑他们度过漫长的冬天,因此打猎也是必需的。夏天森林里的驯鹿、狼、狐狸和熊是维京人重要的**食物来源**。

成年男子不仅要学习耕作、打猎和战斗技巧,还要负责**制造工具和武器**。

维京长船

随着人口的增加，维京人原本就很少的耕地更不够用了。于是，维京人坐上橡木打造的长船，踏上了贸易、探险、征战和掠夺的道路。长船的船首常常以龙头或蛇头雕像作为标志，因而也被人们称为"龙头船"。用来作战的战船有两个船首，可以快速转换方向。

战士

维京战士作战特别勇猛。作战时，他们一手持包有铁皮的圆形木盾牌，一手操纵着战斧、长剑、标枪或匕首等武器，所向披靡。

拓展：提起维京人，你是不是很容易联想到那种有两根"牛角"的头盔？实际上他们一般戴的头盔是圆锥形的，没有角。

海盗

好战的维京人驾驶着战船在海上航行，抢劫海上的商船和沿岸的修道院，不放过任何有价值的财宝。于是，维京人成为海盗的代名词。

探险家

除了是战士、海盗，维京人还是探险家和商人。

860年，维京人发现了冰岛，于是这里开始有人类活动的足迹。

920年，维京人到达格陵兰岛，然而这里太冷了，他们很快就离开了。

911年，维京首领罗洛与法兰克国王查理三世签订了《埃普特河畔圣克莱尔条约》，获得了诺曼底地区的部分土地，在这片土地上建立了诺曼底公国。

定居在意大利半岛南部的维京人，在和当地居民融合后建立了西西里王国。

而维京人的后裔留里克在东欧建立了罗斯公国，后来他的接班人将都城定于基辅，故又称基辅罗斯。

拓展：你知道红发的埃里克吗？他是一位充满传奇色彩的维京探险家，根据《文兰萨迦》中的记载，就是他发现了格陵兰岛。而他的儿子莱夫·埃里克松是第一位抵达北美洲的维京人，比哥伦布发现新大陆还要早将近500年。不过，他很快就被当地的印第安人赶走了。

17 住进大城堡

中世纪的欧洲大陆上建起了成千上万座城堡。不过，在 9 世纪以前，欧洲大陆上还很少有真正意义上的城堡。

9 世纪前后，为了抵御维京人的入侵，欧洲大陆上的领主们纷纷建起了高大的城堡。

一开始，这些城堡都是用泥土和木材建成的，无法抵御火攻。后来，大石块取代了土木结构，还挖凿了环绕城堡的护城河，使城堡的防御力大大加强，再想要攻打城堡就变成一件困难的事。在新式火炮普及之后，城堡就演化成具有更多攻击和防御角度的棱堡。有些城堡后来发展为城市。

除军事上的防御作用外，城堡还有政治上扩张领土和控制邻近土地的作用。

中世纪的城堡在外形和大小上往往各具特色，一般有以下典型特征：

❶ 护城河

❷ 吊桥

❸ 城门

❹ 界墙

❶ 要进入城堡，首先遇到的是**护城河**，它是一条边坡陡峭的防御沟，可以深达数十米。护城河的存在大大增加了敌人挖掘地道进入城堡的难度，也降低了攻城塔之类的大型装置直达墙边破坏城墙的可能性。

❷ **吊桥**横跨在护城河上，是进出城堡的重要通道。在敌人到达前，吊桥就会收起来，进攻者要么先把护城河里的水排走再填平，要么只能泅（qiú）水过河。

❸ 城堡的**城门**也是防御的重点。最外层有一道坚固的栅栏式闸门，遇袭时会落下护住城门。往内是一道或几道木质或铁质的城门，中间是长长的隧道式门洞。两侧还设有角楼，内部有通道与城墙相连。

主楼的不同楼层有不同的作用

地下或地面一层会设酒窖、谷仓等，可以储藏足够多的物资，就算被敌人围攻几个月也不用担心。

第二层是为城堡主一家服务的工作间和公共起居室，厨师、医生、面包师和管家等大多生活在这里，为城堡主一家提供服务。

再往上是城堡主一家的起居室和娱乐室，教师和传教士在这里给城堡主的孩子们上课，城堡主夫人在这里喝下午茶。

最顶层一般被设计成阁楼或阳光房，闲暇时城堡主一家在这里娱乐，被围攻时这里就是最佳的观望场所。

❺ 塔楼

❻ 作坊

❼ 主楼

❹ 护城河的边缘矗立着一堵威武的**界墙**，是用大块石头建造的，又高又牢固。一些重要的城堡还会多建几层城墙，构成同心结构，以提高城堡的防御能力。

❺ 界墙每隔一段会有一座**塔楼**，中间有瞭望口，楼顶有瞭望台和垛（duǒ）口，日常有士兵在这里巡逻，还能安放小型的投石机和箭塔。

❻ 城堡内有**作坊**、马厩（jiù）等建筑，还有守卫、仆役和随从的住所。在紧急情况下，城堡主领地内的其他人也会进到这里来避难。

❼ **主楼**是整座城堡最高、最坚固、最安全的地方，这里住着城堡主一家，一般在城堡的中央或险要地势的最后方。

35

18 伟大的发明家

历史上有许多伟大的发明家，他们用自己的智慧创造了很多足以改变世界的发明，一些直到今天还在使用。比如，中国的四大发明，欧洲的眼镜、望远镜、机械时钟等，这些都推动着历史的进程，对人类的发展产生了深远的影响。

蔡伦与造纸术

在2200多年前的西汉时期，中国就已经有了纸。不过，那时候的造纸工艺比较复杂，产量也较低，人们主要的书写载体是竹简、绢帛等。到了东汉时期，蔡伦改进了造纸工艺，不仅扩大了原料的来源，降低了造纸的成本，还让纸变得光滑又好用，后来逐渐成为主要的书写载体。

劳动人民与指南针

指南针是中国古代劳动人民发明的一种指示方位的简单仪器，在春秋战国时期已经有用天然磁石制成指南工具的记载，名为"司南"，是指南针的前身。指南针的发明，给人们的日常生活、军事、航海等带来了极大的便利。

炼丹师与火药

中国古代的皇帝大多追求长生不老，导致炼丹之风盛行。唐朝时期，炼丹师在炼丹的过程中，偶然将硫黄、木炭和硝石混在一起炼制，引发了爆炸，就这样发现了火药的配方。后来，火药经印度人、阿拉伯人传入西方，改变了欧洲历史的进程。

毕昇与活字印刷术

唐朝初年，人们受印章和碑拓的启发，发明了雕版印刷术。到了宋代，毕昇发明了活字印刷术，即用胶泥烧制出大量的泥活字，印刷时只需要按照文稿将单字挑选出来排列在字盘内，涂墨印刷后装订成书。泥活字可以重复使用，大大提高了印刷的效率。

阿尔马托、斯皮纳与眼镜

眼镜最早出现于 1289 年的意大利佛罗伦萨，据说是由光学家阿尔马托和斯皮纳发明的。1352 年，意大利画家托马索·达·摩德纳的作品中出现了一位戴着眼镜阅读书籍的老人，这可能是最早与眼镜有关的画作。

机械时钟

千百年来，人类利用各种装置来计时和报时，到了 13 世纪，欧洲的修道院中流行起一种以砝码带动、计时相对精准的机械时钟，用以提醒修道士准时参加各种宗教活动。现在，英国的索尔兹伯里大教堂的塔楼上还保存着世界上最古老的、仍在工作的机械时钟，它的历史可以追溯到 1386 年。

汉斯·李波尔与望远镜

1608 年，两个小孩在荷兰一家眼镜店外用两块透镜看远处的教堂，发现远处的景色也可以看得很清楚。受他们的启发，眼镜店的眼镜师汉斯·李波尔制造出一架望远镜，还申请了专利。一年之后，意大利科学家伽利略发明了倍数更高的天文望远镜，用来观测天体。

日耳曼人与重犁

欧洲农业史上最重要的一项突破就是重犁的使用。

5 世纪前后，日耳曼人开始在莱茵河沿岸使用一种带着轮子的"重犁"，这种犁可以通过轮子控制犁地的深度，比"浅犁"更适合欧洲北部潮湿、黏重的土壤状况。到了 11 世纪前后，重犁在欧洲各地得到普及和推广，耕种面积迅速扩张，生产出了更多的粮食，推动了欧洲农业的革新。

重犁

37

19 遍布世界的商人

随着经济的发展、交通工具和航海技术的进步，不同地区之间开始出现经常性的大宗、长途贸易活动，并逐渐形成了稳定的贸易圈和四通八达的商路。不管是在广阔的海洋上，还是在荒凉的沙漠中，都能看到商人带着琳琅满目的货物的身影。

商路

提起古代商路，最著名的应该就是横贯亚欧大陆的"丝绸之路"了。

它既是贸易通道，也是古代东西方文化交流的通道。通过这条路，中国的丝绸、茶叶和瓷器源源不断地运往西方。同时，西方的大批特产及乐器传入中国，据说就连佛教也是通过丝绸之路传入的。

贸易圈

在大航海时代来临之前，有几个区域性贸易圈在不同时期繁荣了很久，它们是地中海贸易圈、北欧贸易圈、撒哈拉贸易圈、东亚贸易圈及北印度洋朝贡贸易圈。

公元前15世纪，腓尼基人的商船已驰骋于整个地中海了，船上载满了象牙、乌木、棉布等货物。

地中海贸易圈▶

地中海贸易圈是古代文明史上最活跃的贸易圈，它连接着世界上最古老的几个文明：古埃及文明、古希腊文明和美索不达米亚文明。腓尼基人是最早在这里活跃的商人，他们擅长航海和经商，全盛时期曾经控制了地中海的贸易。后来，古希腊、古罗马和奥斯曼帝国等兴起之后，也不断巩固和扩展对外贸易，将地中海贸易圈的影响进一步扩大。

◀北欧贸易圈

维京人在北欧肆意活动的同时，也将北海、波罗的海及周边地区整合成一个贸易圈。波罗的海和北海贸易圈也叫北欧贸易圈，在汉萨同盟时期达到巅峰。

汉萨同盟成立于1367年，中心设在德国的吕贝克，全盛时期加盟汉萨同盟的城市多达160个，垄断了北海、波罗的海沿岸的贸易。

在吕贝克的码头上，你可以看到满载着毛皮、木材、焦油、琥珀等货物出发的商船，还有从英国、荷兰等地进口谷物、盐等基础生活物资及矿石、羊毛等货物的商船。

可可
象牙
乌梅
盐
黄金

◀ 撒哈拉贸易圈

非洲西部有着丰富的自然资源——黄金，然而特别缺盐，而非洲的西北部正好盛产盐。大约从5世纪开始，西非的索宁克人用骆驼驮着货物穿越浩瀚的撒哈拉沙漠，逐渐形成了在西非和北非之间往来贸易的驼队和覆盖撒哈拉沙漠的贸易圈。

7世纪以后，阿拉伯人来到北非并控制了撒哈拉的商路贸易，将非洲的黄金、象牙、可可和乌梅等通过撒哈拉商路运出，再将地中海的陶器、玻璃、珠宝、面粉等商品源源不断地运往西非，将撒哈拉贸易圈与地中海贸易圈连通。

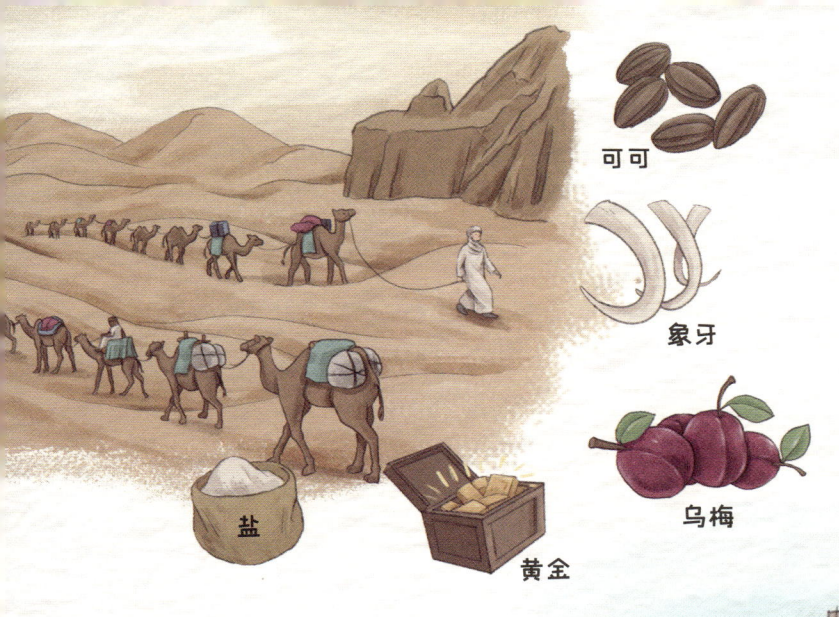

东亚贸易圈 ▶

古代中国的经济与文化水平高于周边国家，很多国家会派遣使臣来华寻求庇佑、学习先进文化等，商业往来也很频繁，渐渐地在西太平洋地区形成了一个以中国为中心的东亚贸易圈。这个贸易圈包括中国、日本、朝鲜和东南亚的一些国家，除政治、外交、经济往来外，中国的文化也通过交流传播到这些国家，形成了汉字文化圈。

拓展

朝贡贸易

朝贡贸易是一种特殊的官方贸易形式。从属国使臣在前往宗主国进贡时，会在随行车船里装上一些本国的商品到宗主国进行贸易。唐朝国力强盛，经济繁荣，海外贸易发达，朝廷就在广州设立了市舶使，专门管理海外贸易。

北印度洋朝贡贸易圈 ▼

朝贡贸易在明朝时期达到了巅峰，一方面是因为明太祖朱元璋在位期间确定了"厚往薄来"的朝贡原则；另一方面是永乐帝朱棣即位后，派遣郑和七次下西洋，通过军事威慑和和平贸易，使许多印度洋国家成为明朝的藩属，构成北印度洋朝贡贸易圈。

北印度洋朝贡贸易圈与海上丝绸之路基本重合，包括今天的孟加拉国、斯里兰卡、印度等国家，以及亚丁湾沿岸和非洲东海岸的一些城市和地区。

郑和下西洋之后，榜葛剌（今孟加拉国）国王向中国进献长颈鹿，当时的人们以为这就是瑞兽麒麟。

奥尔梅克文明

奥尔梅克文明起源于公元前 1200 年前后的圣洛伦索，繁盛了 300 年后迁移到靠近墨西哥湾的拉文塔。在这里，人们发现了一个巨大的古文明遗址，包括巨大的神庙、金字塔形的神庙台基、举行仪式的广场、带柱廊的庭院、精美的祭坛、巨大的纪念石板和石刻，还有用天然球形巨石刻成的头像，巨石头像高两三米，重达 20 吨，有着厚厚的嘴唇、扁平的鼻子、凝视的眼睛、奇特的头盔。

奥尔梅克文明时期，美洲人民就已经开始种植玉米、南瓜、豆类，还创造了历法、计数符号和至今无法破解的文字，这些都对后来的文明产生了深远的影响，因而人们将它当作古代印第安文化的先驱。

奥尔梅克巨石头像

20 湮埋在美洲丛林里的神秘文明

早在公元前 12000 年前后，就有一批人跨过当时还是陆地的白令地区来到了美洲这片神秘的土地上。和其他大陆一样，这里也孕育出了辉煌灿烂的文明。奥尔梅克文明是目前已知的最古老的美洲文明，它存在于公元前 1200—前 400 年的中美洲地区。之后，美洲大陆上先后出现了 3 个比较有影响力的古文明：玛雅文明、印加文明和阿兹特克文明。不过，这里远离亚欧大陆，加上海洋的阻隔，很少与外界沟通。这里的人们过着怎样的生活呢？我们一起来了解一下吧！

库库尔坎金字塔

玛雅文明

玛雅文明得名于创造这一文明的印第安玛雅人，他们以玉米为主食，没有出现畜牧业的痕迹，因而也被称作"玉米文明"。他们种植玉米的"米尔帕"耕作法极为原始：先把树木统统砍光，等干燥之后再放火烧掉，烧一次种一茬。这种方法效率很低，玉米产量也会变得越来越低。

与极其落后的生产力水平不符的是，玛雅人拥有非常灿烂的文明成果，尤其是在天文历法、建筑、数学等方面都取得了相当高的成就，库库尔坎金字塔是他们最杰出的建筑作品，因而也有人猜测"玛雅文明是外星人留下来的"。

玛雅文明兴盛时有数百万人，建立了许多城市，但并未形成统一的国家。它的产生、发展和消失都充满了神秘的色彩，公元 10 世纪前后，玛雅人放弃了建造好的城市，大举迁移，神秘消失在美洲的热带丛林中。

印加文明

大约 1200 年前后，在首领曼科·卡帕克的带领下，印第安人在南美洲安第斯地区的库斯科建立了印加帝国，印加帝国的首都库斯科建造在海拔 3400 多米的高山上，非常宏伟壮观。因为保存了大量完好的古建筑，这里也被人们称为"美洲的罗马"。

印加帝国注重发展畜牧业，也已经能够熟练地冶炼和铸造青铜器，但没有发明文字。他们采用一种名为"奇普"的结绳记事法。奇普由一根主绳和上千根让人眼花缭乱的副绳组成。

库斯科城

阿兹特克文明

阿兹特克是古代美洲文明的最后一个代表。

1325 年，阿兹特克人在特斯科科湖的小岛上建造了特诺奇蒂特兰城，也就是后来的墨西哥城。

在长期的融合与扩张中，阿兹特克人日益强大，并于 15 世纪在墨西哥中南部建立起幅员辽阔的帝国。后来，随着西班牙殖民者的入侵，阿兹特克帝国和印加帝国先后被毁灭，人们只能通过他们留下的一些建筑、陶器等物品了解当时的景象。

拓展

关于阿兹特克文明的起源有一个传说：阿兹特克人的祖先是生活在墨西哥西部海岛上的猎人，流浪在外是为了寻找更好的家园。当他们来到特斯科科湖上时，看到一只鹰叼着一条蛇站在仙人掌上，他们认定这就是神灵为他们指示的家园。

21 文艺复兴

14—16世纪，欧洲掀起了一场打着"恢复古希腊、古罗马文化"旗号的运动，后人称之为"文艺复兴"。接下来，就让我们一起去博物馆里看一看，文艺复兴时期都有哪些杰出的人物和作品吧！

从古希腊时代开始，人们一直认为地球是整个宇宙的中心，到了基督教统治时期，人们更是把这种学说当作真理。直到1543年，波兰天文学家**哥白尼**提出了"日心说"：太阳才是宇宙的中心，地球和其他行星一起围绕着太阳运动。"日心说"无疑是对教会权威的挑战，也使科学逐渐脱离教会的控制开始独立发展，进而掀起了一场天文学革命。

但丁是文艺复兴的先驱，他和彼特拉克、薄伽丘一起被称为"文艺复兴三巨头"。他在《神曲》中幻想自己游历了地狱、炼狱和天堂，并和不同的灵魂对话。有趣的是，他把自己钦佩的历史人物放到天堂中，把令人厌恶和痛恨的都放到地狱里，由此可见但丁对人性和真理的追求。

莎士比亚是文艺复兴时期英国伟大的剧作家和诗人，这位高产的文学巨匠一生创作了37部戏剧、154首十四行诗、2首长叙事诗，还有其他诗歌。莎士比亚在继承古希腊和古罗马的艺术表现方式的基础上进行了改进，把作品主题改成了人们的日常生活，把重点放在了对人性的揭示上。其代表作《哈姆雷特》家喻户晓，影响深远。

伽利略是文艺复兴时期伟大的物理学家、天文学家和工程师。前面我们提到过他发明了第一架天文望远镜，正是通过天文望远镜，他观察到一些支持"日心说"理论的天文现象。他还通过多次实验发现了自由落体、抛物体和振摆三大定律，开启了近代实验物理学，在文艺复兴时期的科学革命中起了基础性的作用，因而被称为"现代科学之父"。

拉斐尔是文艺复兴时期意大利著名的画家，以画圣母像出名，其代表作有《西斯廷圣母》《阿尔巴圣母》等。在拉斐尔的画中，圣母不再是高高在上的神灵，而是和凡间的母亲一样，充满了对孩子的爱，反映了他对人性解放的追求。

因为捍卫"日心说"而被罗马教廷当作异端烧死的意大利思想家、天文学家**布鲁诺**，是文艺复兴时期思想自由、不畏强权的勇士，他在自己的著作中提出：宇宙在空间和时间上都是无限的，太阳只是太阳系的中心，不是宇宙的中心。这一理论为人类正确认识宇宙做出了杰出的贡献。

米开朗琪罗是文艺复兴时期伟大的雕塑家、画家、建筑师和诗人，他是这个时期雕塑艺术巅峰的代表人物。米开朗琪罗最著名的作品是雕塑《大卫》，这座雕塑用了 4 年时间才完成。米开朗琪罗与达·芬奇、拉斐尔一起被称为"文艺复兴后三杰"。

这尊雕塑形态健美，神情坚定，仿佛活的一样，充满了自由的气息。

看到这里你大概也明白了，文艺复兴并非单纯的复兴古典文化，而是新兴资产阶级在意识形态领域掀起的一场反封建、反神学的文化运动。

如果稍微了解一点艺术史，你就一定知道世界名画《蒙娜丽莎》。这幅画表现了作者对女性美的审美理念和追求，也反映了文艺复兴时期人们对人性和自由的向往。它的作者是文艺复兴时期著名的"全才型选手"**达·芬奇**，他学识渊博、兴趣广泛，不仅精通绘画、雕刻、发明、建筑，还通晓数学、生物学、物理学、天文学、地质学等学科，仅保存下来的各类手稿就有 6000 多页。对了，《最后的晚餐》也是他的代表作。

大卫

布鲁诺　拉斐尔　米开朗琪罗　达·芬奇

22 大航海

与文艺复兴同一时期发生的人类历史大事件还有大航海。15—17世纪,随着经济的空前发展,西欧各国迫切需要扩充市场,寻找新的贸易路线和贸易伙伴。欧洲各国的船队出现在世界各地的海洋中,发现了很多从未到过的地方,开辟了很多新的航路,使人类跨越大洋联系在一起,整个世界开始成为一个整体。这个时期被称为"大航海时代",也叫"地理大发现时代"。

大航海的前提

▶ 寻金热

意大利威尼斯有个名叫马可·波罗的旅行家,他曾跟随父亲和叔叔到东方经商,他在《马可·波罗游记》中将东方描绘成一个"遍地是黄金"的好地方,这在欧洲引起了很大轰动,人们都渴望带着船队去东方寻找黄金。

▲ 各国王室的支持

推动大航海事业盛行的主要原因还有商业的发展,人们需要更多的黄金来购买商品,也需要更多东方的香料和丝绸以供享乐。于是,在各国王室的支持下,冒险家们带着船队出发了。

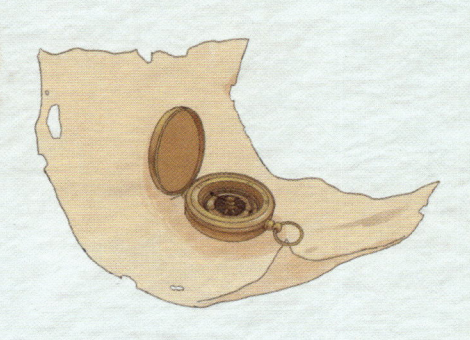

▲ 指南针和航海图

在远洋航行中,如何判断方向是最大的难题。不过,中国发明的指南针此时已经传入欧洲并做了改进,还有了相对精确的航海图,这些都为大航海提供了重要条件。

◀ 造船技术

想要远洋航行,航海家们还需要足够结实的大船,独木舟可没有办法远渡重洋。当时的欧洲,造船技术取得了很大的进步,出现了很多新型的多桅多帆、轻便快速的大船。

大航海时代的前奏

说起航海，中国的航海家郑和才是世界大航海的先行者，他第一次下西洋是在 1405 年，比哥伦布早了 87 年。1405—1433 年，郑和奉命率领船队先后进行了 7 次远洋航行，沿途拜访了 30 多个国家和地区，最远航行至非洲东海岸，是世界航海史上的壮举。他开辟的亚非洲际航线，为西方人的大航海铺平了亚非航路。

大航海时代的壮举

1492 年，一位叫**哥伦布**的航海家在西班牙国王的资助下率领船队出发，横渡大西洋，成功到达美洲，意外发现了"新大陆"。

哥伦布发现"新大陆"的消息不久后就传遍了欧洲，葡萄牙王室坐不住了。他们资助航海家**达·伽马**向东航行，寻找海上通往印度的航线。达·伽马率领的船队历尽千辛万苦，绕过非洲南端的好望角，开辟了通往印度的新航线。

1519 年 9 月，航海家**麦哲伦**怀揣着他的"环球航行梦"，在西班牙王室的支持下率领船队出发了。船队一路横渡大西洋、太平洋，于 1521 年 3 月到达亚洲的菲律宾，之后麦哲伦本人因为参与当地争斗被杀，其余船员继续向西航行，最终于 1522 年 9 月回到西班牙，完成了人类历史上第一次环球航行。

> **拓展**
>
> 大航海时代成就了一些航海家的伟大梦想，但本质上还是为欧洲王室寻找海外殖民地和财富。对欧洲人来说，大航海时代的来临意味着市场的拓宽、财富的积累和时代的变革。但对被侵略的国家和地区的人们来说，地理大发现意味着占领、侵略、疾病和死亡。

23 "羊赶人"的圈地运动

15世纪末，随着新航路的开辟和城市的发展，人们对纺织品的需求越来越多，羊毛的价格不断上涨，养殖业可以带来很大的利润。于是，欧洲很多国家的贵族开始大规模地圈占农民的土地，开始了一场浩浩荡荡的"羊赶人"运动，其中以英国的规模最大。

英国的毛纺织业

新航路开辟后，世界商路的中心转移到了大西洋沿岸，英国正好处在大西洋航线的中心，于是，当地的羊毛出口和毛纺织业也快速发展起来。在16世纪前后的英国乡村，到处可以看到建在河流边的水力工坊，这些大都是以家庭为单位的毛纺织作坊。

手工业的繁荣和对外贸易的增加，又促进了城市兴起，人们需要更多的粮食、蔬菜、肉类及生产原料。对农产品和手工原料需求的增加，促使贵族地主扩大投资，加速进行圈地运动。

森林
沼泽
草地
荒地

圈地运动

在当时，英国有大量公有土地存在，包括一些森林、草地、沼泽和荒地等没有固定主人的土地。一些贵族就利用自己的势力把这些地方圈起来，变成自己的农场和牧场。

不过，公有土地很快就不够用了，贵族们又把土地上的农民赶走，强行占有这些土地，圈起来放牧。

当时的英国政府由大地主阶级掌权，他们当然支持这种做法。1593 年，英国国会废除了原来反对圈地的法令。1688 年，政府甚至公开支持圈地，因为这样可以赚到更多的钱。

然而，在圈地运动中，有几百万农民失去土地，成为流浪汉。政府规定，这些可怜的农民如果在规定的时间里找不到工作，就要受到鞭打的惩罚。失去土地的农民成了没有任何产业的人，只能被迫走进工厂，出卖自己的劳动力，由农民变成了工人。

就这样，通过"羊赶人"的圈地运动，资本家获得了大量土地，失去土地的农民变成工厂新的劳动力，英国经济迅速发展起来，积累了大量的资本。

24 "踢"出来的工业革命

圈地运动导致大量农民涌入工厂，也导致纺织业迅速发展，再加上生产技术在日积月累中发生的质变，以及 1769 年瓦特改良蒸汽机带来的机械化生产等诸多条件，一场改变人类发展进程的大变革——工业革命爆发了。

它开创了以机器代替手工劳动的时代。有趣的是，这次革命是由一位纺织工人"踢"出来的。

事情要从 1764 年的一天说起。

英国的兰开夏郡有个名叫哈格里夫斯的纺织工人，这天晚上，他回家时不小心踢翻了妻子正在使用的纺纱机。当他弯腰扶起纺纱机时，发现被踢倒的纺纱机还在转，只是原先横着的纱锭变成竖立的。他灵机一动：如果把几个纱锭竖着排列，用一个纺轮带动，不就可以同时纺出很多纱了吗？

动手能力超强的哈格里夫斯第二天就造出了用一个纺轮带动 8 个竖排纱锭的新纺纱机，工作效率大大提高。这种新型纺纱机就是点燃第一次工业革命的火种——珍妮纺纱机。之后，工业技术革命成燎原之势迅速扩展开来。因此，有人戏称第一次工业革命是被哈格里夫斯一脚踢出来的。

新钢铁生产工法

工业革命最早发生在英国的中北部，这里有丰富的浅层煤炭与铁矿。铁可以用来制造各种机器，煤炭可以用来当作机器的燃料。尤其是在新的炼钢法和瓦特改良后的蒸汽机大规模应用之后，铁和煤炭的利用效率越来越高，工业发展的进程也越来越快。

17 世纪以前，木炭是英国钢铁工业加热炉的主要燃料，炼铁过程中还需要添加木炭作为还原剂。这一做法消耗了大量的森林资源，使木材供应出现短缺。

工人们开始试着用由煤炭制成的焦炭为反射炉提供燃料，这种新的钢铁生产工艺不仅降低了生产成本，而且大大增加了钢铁的强度和柔韧度。煤炭和焦炭的需求逐渐多起来。

优质的钢铁为各类机器提供了原料，于是，越来越多的新式机器出现了。**大机器生产**逐渐取代了手工工场，资本家开始大量建造厂房、购买设备，出现了大量各种类型的工厂。当人手不足时，很多儿童被迫到工厂参加劳动，给孩子的身体带来严重伤害。

受市场需求和政策扶持等因素的影响，工厂最早出现在棉纺织业。

1733年，英国一个钟表匠约翰·凯伊发明了飞梭，这种梭的滑槽两端装有弹簧，可以使中间的纱线轮快速放出纱线，一个织布工人就可以操作飞梭快速来回穿行，大大提高了织布的效率。飞梭的出现让棉纱开始不够用了，甚至出现了极其严重的"纱荒"。为此，英国的工业协会还曾发出悬赏，鼓励人们发明创造，这也间接导致了新式纺纱机的出现，包括我们前面故事里提到的珍妮纺纱机。

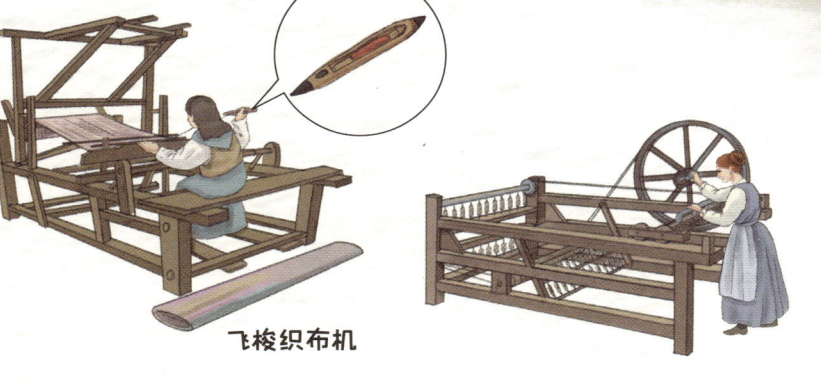

飞梭织布机

珍妮纺纱机

珍妮纺纱机的使用大大提高了纺织行业的生产效率，还引起了一系列连锁反应，影响到其他产业机器的发明和应用。

蒸汽动力的发明和应用是工业革命的标志之一。1785年，瓦特**改良蒸汽机**并投入使用，提供了更加便利的动力，得到迅速推广，大大推动了机器的普及和发展，将人类社会推入了"蒸汽时代"。

运输工具

大规模工厂化生产也导致了运输需求的急剧增加，传统的运输工具已经跟不上工业发展的需求，于是一大批发明家开始鼓捣起了运输工具，并将蒸汽动力应用在了运输工具上。

1802年春天，美国发明家富尔顿制造出了一艘蒸汽轮船，不过，还没来得及试航，这艘船就被风暴折断了。后来，他又建造了"克莱蒙特号"蒸汽轮船，并在1807年8月完成首次试航。

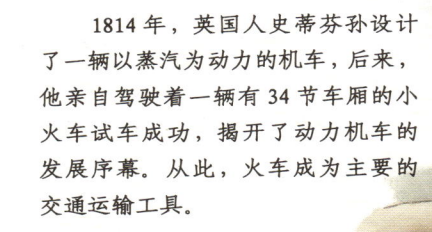

1814年，英国人史蒂芬孙设计了一辆以蒸汽为动力的机车，后来，他亲自驾驶着一辆有34节车厢的小火车试车成功，揭开了动力机车的发展序幕。从此，火车成为主要的交通运输工具。

25 "移民"建立的国家

自从1493年哥伦布第一次到达美洲后,西班牙人和葡萄牙人便开始了在美洲的殖民之路,法国人、荷兰人和英格兰人紧跟其后。几百年后,移民而来的欧洲人在北美洲这片土地上建立起一个新的国家——美国。这段时间北美洲大陆上发生了哪些事情呢?我们一起来看一下吧。

詹姆士镇

先是支持哥伦布航行的西班牙王室,他们在北美洲大陆和加勒比海地区建立了大片的殖民地。16世纪,法国人踏上了这片土地,他们在这里发现了很多昂贵的毛皮,尤其是海狸的毛皮,在欧洲很罕见,很受欢迎。很快,他们在密西西比河沿岸建立了新法兰西,这里成了法国人的聚集区。1607年,一批英国人乘船来到弗吉尼亚的一个河口,发现这里土地肥沃,于是定居下来,建立了詹姆士镇,这是英国人在北美洲建立的第一个殖民据点。在此后的一百多年中,不断有欧洲移民来到这里。

五月花号

1620年9月16日,一艘名叫"五月花号"的英国三桅帆船载着102名乘客来到北美洲东海岸,建立了普利茅斯殖民地。"五月花号"之所以出名,是因为船上的乘客在下船之前签订了著名的《五月花号公约》,这个条约成为后来成立自治政府的基础。

早期的"移民"刚到北美洲时与原住民的相处还算融洽，得到了原住民的不少帮助。但随着冲突的到来，原住民开始被残忍地杀害或沦为奴隶。在地理大发现后的100年时间里，北美洲原住民减少了90%以上。

到1733年，英国政府通过侵占和扩张，在北美洲大西洋沿岸建立了13个殖民地。建立殖民地的目标之一就是掠夺原材料和金银以促进本国发展，但与原住民的长期战争导致可奴役的非自由劳动力严重缺乏，这使黑奴贸易逐渐在北美洲盛行起来。殖民者从非洲强行掳获了大量黑人，运到北美洲开发种植园和开采金银矿，形成了充满罪恶的"三角贸易航线"。

为独立而战

在此基础上，北美洲殖民地逐渐繁盛起来，在经济上开始寻求独立。1775年，来克星顿打响了反抗英国殖民统治的第一枪，美国独立运动就这样爆发了。

1776年7月4日，第二次大陆会议上通过了托马斯·杰斐逊等人起草的《独立宣言》，宣布美国成为一个独立的国家。这一天成为美国独立纪念日。

> **拓展**
> 一说到《独立宣言》，就很容易让人联想到美国画家约翰·特朗布尔创作的油画作品《独立宣言》。这幅作品曾多次出现在美国的货币和邮票上，它展示的并不是《独立宣言》签署的画面，而是1776年6月28日发生的，由约翰·亚当斯、罗杰·谢尔曼、罗伯特·R.利文斯顿、托马斯·杰斐逊、本杰明·富兰克林组成的五人起草委员会向国会提交《独立宣言》草案的场景。

经过几年的独立战争，1781年10月，美国和法国组成的联军终于战胜了英国军队。两年之后，英国被迫承认美国独立。

1781年，美国大陆军总司令乔治·华盛顿在约克镇接受康瓦利斯率领的英军投降。

美国独立战争是世界史上第一次大规模的殖民地争取民族独立的战争，为殖民地民族解放树立了范例。

26 电气时代的小镇缩影

第一次工业革命后，世界经济快速发展，很多国家都建立了资本主义制度。到了19世纪60年代，人类迎来了第二次工业革命，最具标志性的成就就是电力的广泛使用，不仅使生产力再次突飞猛进地发展，还涌现出许多电气发明。在短短的几十年时间里，人们发明了电灯、电话、电梯、电车、汽车、飞机等许多现代化电器和设备，使人类的生活发生了翻天覆地的变化。我们现在生活中使用的许多电器都是在这个时期发明的。接下来，让我们一起来看看吧。

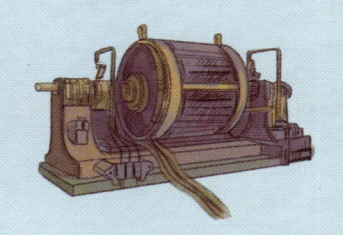

1831年，英国物理学家法拉第发现了电磁感应原理，并发明了世界上第一台圆盘发电机，被称为"电学之父"。

1832年，法国人毕克西发明了手摇式直流发电机，不过，这台发电机的电流很小且不稳定，没办法投入实际使用。

直到1866年，德国的西门子公司才发明了第一台能够实际使用的自励式直流发电机，正式开启了电力应用的大门。

19世纪60年代，燃料可以在机器内部燃烧的发动机问世了。早期的内燃机是以煤作为燃料的，后来逐渐改用热效率更高、更方便运输的石油。

随着内燃机的大规模应用，石油的需求急剧增长，很快成为一种重要的能源，使**石油冶炼**行业开始大规模发展。1870年，美国人洛克菲勒创办了标准石油公司，到了1890年，该公司成为美国最大的原油生产商。

除了直流发电机，西门子公司还发明了以电力驱动、在轨道上行驶的**有轨电车**。1879年，柏林的博览会上有轨电车闪亮登场。1888年，美国弗吉尼亚州里士满开通了世界上第一条有轨电车线路。到了20世纪初，世界上的许多城市都能看到有轨电车的身影。

19世纪80年代，内燃机技术已经十分成熟。1886年，卡尔·本茨发明了世界上第一台汽油发动机，并把它装在了一台**汽车**上。同年，德国人戴姆勒发明了四轮汽车。后来，他们一起成立了戴姆勒-奔驰汽车公司。

19世纪末，飞行器的研究如火如荼。1903年12月17日，美国的莱特兄弟驾驶着装有汽油发动机的"飞行者1号"成功飞上了蓝天。这是一架带动力装置、可自由操纵飞行、重于空气的**飞机**，开创了人类现代航空的新纪元。

留声机

电灯

活动电影放映机

在第二次工业革命期间，爱迪生已经是美国家喻户晓的发明大王了。他不仅在**留声机**、**电灯**、电话、电报、**电影**等方面有着突出的贡献，还在纽约珍珠街创办了一座公用发电厂，建立了纽约市区电灯照明系统，成为现代电力系统的雏形。

1853年，美国人奥的斯在雇主的要求下发明了一台以蒸汽为动力、运送货物的"**安全升降机**"，这是最早的现代电梯雏形。1854年，他在纽约世界博览会上向世人展示他的发明，引起了人们的广泛关注。

1880年，德国人西门子发明了使用电力的升降机，这标志着现代电梯正式出现。

电话让人们的沟通更加方便、快捷。1876年，贝尔发明了世界上第一台可供实用的电话机，并获得了电话的发明专利，还创建了贝尔电话公司。1878年，贝尔在相距300多千米的纽约和波士顿之间成功进行了首次长途电话通话试验。此后，电话迅速走进千家万户。

27 世界大战

在两次工业革命的推动下，世界资本主义大国的经济都得到了快速发展，他们凭借强大的军事力量瓜分世界。为了争夺更多的市场、原料产地和投资场所，列强在世界范围内展开了激烈的争夺，并由此引出了规模空前的第一次世界大战和第二次世界大战。

第一次世界大战

第一次世界大战的导火索是萨拉热窝事件，发生在巴尔干半岛上。

1908年，强大的奥匈帝国企图吞并波斯尼亚和黑塞哥维那，这遭到了它的邻居塞尔维亚的强烈反对。一名塞尔维亚的小伙子策划了一起刺杀事件，枪杀了到萨拉热窝检阅军事演习的奥匈帝国皇储及其妻子，点燃了第一次世界大战的导火线，这就是"萨拉热窝事件"。

之后，很多国家相继卷入。以英、法、俄为首的"协约国"和以德、意、奥匈为首的"同盟国"在欧洲形成了东、西、南三条战线，战火迅速扩大到亚洲、非洲等地。直到1818年德国投降，第一次世界大战才以同盟国失败而结束。

萨拉热窝事件

拓展

凡尔登战役

凡尔登战役被称为第一次世界大战的转折点，也是第一次世界大战期间历时最长、破坏性最大的战役之一。凡尔登是法国的军事要塞，1916年，德国和法国的军队在凡尔登前后僵持了十几个月，双方损失了近百万人，几乎耗尽了所有有生力量，交战双方都精疲力竭。

▼ 现代化武器

第一次世界大战中首次出现了坦克这种现代重型武器，而第二次世界大战中，不但使用了大量的火炮、坦克、飞机、军舰等现代化武器装备，还首次使用了导弹、原子弹和雷达技术。战争从热兵器战争发展为机械化战争，破坏性和残酷性空前增大。

第二次世界大战

第一次世界大战结束后也就十几年，全世界范围内又打起来了。这次比以往任何一次战争都激烈，从欧洲到亚洲、非洲、大洋洲，从大西洋到太平洋，全世界有 20 多亿人被卷入，超过 7000 万人失去了生命。这场战争被称为第二次世界大战，也叫反法西斯战争。

第二次世界大战的导火索其实就是我们前面讲到的第一次世界大战。战争结束后，战胜国强行与战败国签署了一系列条约。战败国被清算倒也无可厚非，但坏就坏在条件太苛刻，在被严重限制发展的德国埋下了复仇的种子。

1939 年 9 月，德国入侵波兰，并和日本、意大利组成了邪恶的法西斯国家联盟（也称轴心国同盟），发动了人类历史上最大规模的战争。

为了尽快打败法西斯，英、美、苏、中等 26 个国家的代表于 1942 年在华盛顿举行会议，签署《联合国家宣言》，国际反法西斯同盟正式成立。

之后，反法西斯国家协同作战，逐渐扭转了局势。

1943 年 9 月，意大利军队在对北非等地作战失败后，于 9 月 8 日宣布投降。

1945 年 4 月，苏联军队攻占柏林，德国法西斯首脑希特勒自杀；5 月 8 日，德国正式签署投降书，欧洲战场结束了战斗。

原子弹爆炸

在亚洲和太平洋战场，各国人民对日本侵略者展开猛烈的进攻，但轴心国之一的日本负隅顽抗，不肯投降。1945 年 8 月上旬，美国先后向日本的广岛和长崎投下原子弹，迫使走投无路的日本宣布无条件投降；9 月 2 日，日本政府代表在美国战列舰"密苏里号"的甲板上签署无条件投降书，第二次世界大战结束。

1945 年 9 月 2 日，日本政府代表在"密苏里号"战列舰的甲板上签署《降伏文书》。

28 最大的"国"

两次世界大战给全世界的人们带来了巨大的灾难，因此，在第二次世界大战结束后，为了防止大规模战争再次发生，也为了给国家之间提供一个对话和沟通的平台，1945 年，51 个国家的代表在美国旧金山共同签署了《联合国宪章》，联合国正式成立。

联合国徽章的中间是一幅从北极看去的世界地图，经纬线由 8 条直线和 5 个同心圆组成，代表整个世界；世界地图周围由两根橄榄枝环绕着，象征着联合国的宗旨之一：维护国际和平与安全。

联合国总部

联合国是世界上最大的由主权国家组成的政府间国际组织，现有 193 个会员国、2 个观察员国，总部设在美国纽约的曼哈顿。

联合国由六大主要机构组成：联合国大会、安全理事会、联合国经济及社会理事会、联合国秘书处、国际法院及联合国托管理事会。

其中，**秘书处**设在联合国总部，负责处理大会和其他主要机关委任的各项日常工作。秘书长是联合国的"首席行政长官"，由安全理事会推荐、联合国大会指定。

联合国大会每年 9~12 月举行一届常会，通常为期 3 个月，全体会员国派代表参加。联合国大会是联合国的主要审议、监督和审查机构。

安全理事会是联合国的主要机构之一，由 5 个常任理事国和 10 个非常任理事国组成，是唯一有权采取军事行动的联合国机构。常任理事国包括中国、美国、法国、英国和俄罗斯，拥有一票否决的权力。

联合国的经费主要来自各成员国缴纳的会费，用于联合国正常预算费用和维持和平行动的费用。

联合国最主要的职责是解决冲突、维护世界和平，有专门的 **维和部队**，士兵需要接受非常严格的训练，才能参加国际上的维和行动。为了方便识别，各国维和士兵均头戴天蓝色钢盔或贝雷帽，上面印着联合国的英文缩写"UN"或徽章，左臂佩戴本国国旗臂章，右臂佩戴联合国标志臂章。

国际法院 是联合国的主要司法机关，总部位于荷兰海牙。国际法院由15名法官组成，法官的任期为9年，可以连选连任。

世界卫生组织 是联合国下属的一个专门机构，总部设在瑞士日内瓦，其宗旨是使全世界人民获得尽可能高水平的健康。世界卫生组织的徽章中有一条蛇缠绕着权杖，源于古希腊的"医神"阿斯克勒庇俄斯。

和平的礼物

联合国总部陈列着世界各国赠送的礼物，它们虽各具特色，但大部分的主题是制止战争、企盼和平与自由。

一支枪管打结的手枪 ▶

联合国总部公众入口的广场上，矗立着一座由卢森堡赠送的雕塑——一支枪管打结的手枪，表达了对和平的向往。

▼ 和平钟

和平钟是日本赠送给联合国的礼物，是用60个国家的儿童收集的硬币铸造而成的，被安放在一座日本神社风格的建筑物中。

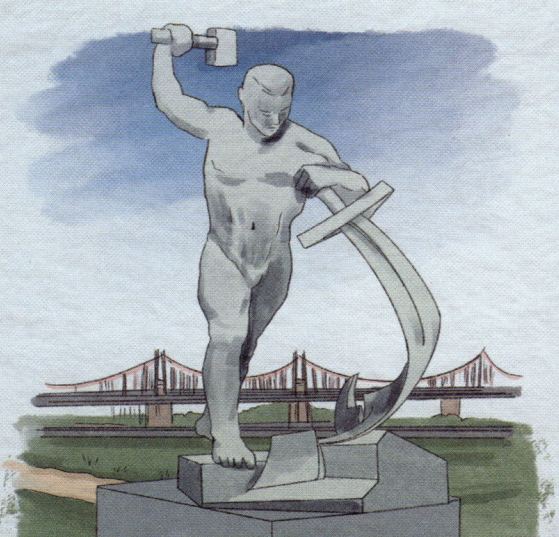

◀ 铸剑为犁

联合国大楼的花园中，有一座青铜雕塑"铸剑为犁"，是苏联赠送的，雕塑中的人正在将一把剑打造成耕地用的犁，代表着战争的终结。

29 信息技术革命

从20世纪40年代开始，以空间技术、原子能技术、电子计算机技术和生物工程应用为代表的新技术不断出现，继蒸汽革命、电气革命之后，人类迎来第三次科技革命——信息技术革命。

1946年2月14日，在美国宾夕法尼亚大学诞生了世界上公认的第一台**计算机**。不过，这台计算机的体积实在过于庞大，无法普及，多用于军事、科研领域。

1969年，美国在几所大学间用4台大型计算机组建了可以实现数据资源共享的"阿帕网"，这是互联网的前身。

能源一直是困扰人类发展的一大难题。**原子能**的发现和研究一度让人们以为可以解决这个难题。1945年，美国成功试制了原子弹；1951年，美国首次进行了核反应堆发电尝试；1954年，苏联建造了世界上第一座核电站。比起传统的火电，核电更加清洁、高效、成本低，然而，它的危险系数也更高。2011年，日本福岛第一核电站发生核泄漏事故，大量放射性物质外泄，对人类的健康和海洋生态造成了严重的危害。如何和平、安全地利用原子能是目前各国科学家研究的方向。

1961年4月12日，苏联宇航员加加林乘坐"东方一号"宇宙飞船离开地球，用108分钟的时间环绕地球飞行一周，最后安全返航，成为第一个**进入太空**的人。

1969年7月21日，美国宇航员阿姆斯特朗乘坐"阿波罗11号"飞船**登陆月球**，成为第一个踏上月球的宇航员。他在月球留下了自己的脚印，并说出了那句非常著名的话："这是个人的一小步，却是人类的一大步。"

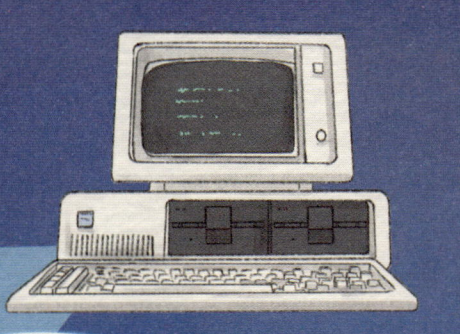

空间站是运行在地球外层空间的人造飞行物。1971 年，苏联发射了世界上第一个空间站——"礼炮 1 号"，从此人类在太空中有了短暂停留的场所。而国际空间站（ISS）是由美国、俄罗斯等 16 个国家于 1993 年开始联合建造、运行和使用的大型空间站，可供多名宇航员在太空中长期居住，进行各种太空试验。

1981 年，美国 IBM 公司推出了第一代**微型计算机**，从此，计算机迅速进入生产和生活的各个领域，改变了整个世界的面貌。计算机技术日新月异的发展，使它获得空前普及，成为第三次科技革命中影响最大的技术，对人类社会产生了不可估量的影响。

互联网可以实现文字、图片、音频等信息的快速传输，让世界变成了"地球村"。

随着科学技术的发展，**机械**也开始有了自己的"思想"，它们可以代替人类做很多重复的劳动，提高生产效率。

1996 年，第一只**克隆羊"多利"**的诞生，引起了全世界的注目。以生物学、遗传学、细胞学等多学科为基础的综合性学科——生物工程学，开始发挥大作用。

第三次科技革命给人们的衣、食、住、行等日常生活带来了巨大变化，直接改变了人类的生活和工作方式。在这次变革中，传统工业比重下降，以现代服务业、商业为代表的第三产业比重上升。为了适应科技的发展，世界各国普遍加强了对科学研究的支持和资金投入，其影响一直持续到今天。

30 全人类的大事

奥林匹克运动会（简称奥运会）是以国家或地区代表团为单位进行的体育运动会，已经成为世界上影响力最大的体育盛会，是全人类的一件大事。它发源于公元前8世纪的古希腊，传说是献给众神之王宙斯的祭礼。

古代奥运会

公元前8世纪前后，古希腊地区有200多个城邦，这些城邦之间战争不断，人们强烈渴望和平，奥运会应运而生。在奥运会举办期间，各个城邦暂停战争，选派优秀的选手参加这场体育盛会，所有的希腊人欢聚一堂，共同庆祝和平。

约公元前884年，伊利斯国王伊菲图斯与斯巴达订立了"神圣休战协定"。在这个前提下，第一届奥运会于公元前776年在奥林匹亚地区举办。当时的比赛项目仅有一个，是距离约为192.27米的场地跑。之后，奥运会每4年举行一次，直到公元394年被废止。因为伊菲图斯初步制定了古代奥运会的规则和竞技项目，所以他被认为是古代奥林匹克运动会的创始人。

伊菲图斯

随着时间的推移，古代奥运会的**比赛项目**不断增多，从最初仅有跑步一项比赛，发展为后来包括五项全能（铁饼、标枪、跳远、角力、跑步）、拳击、摔跤、战车赛跑、赛马等多种多样的比赛项目，最多时达23项。

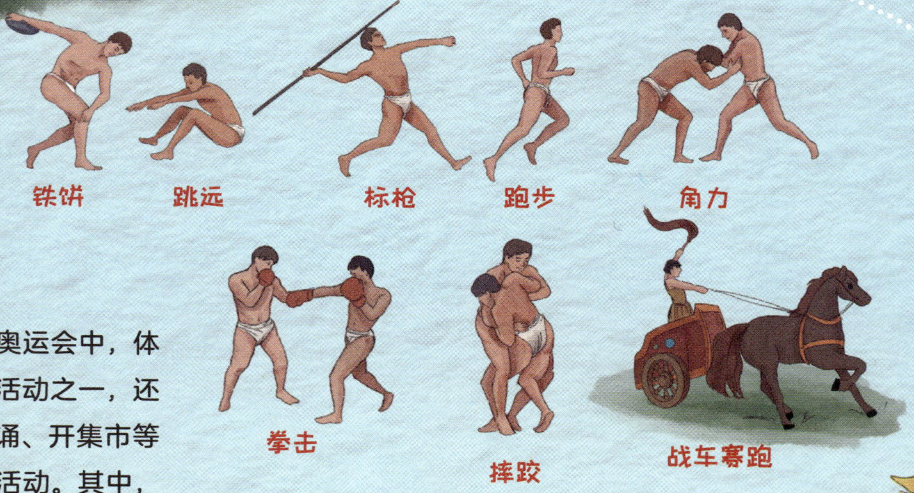

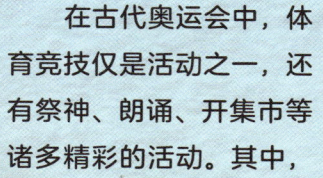

铁饼　跳远　标枪　跑步　角力
拳击　摔跤　战车赛跑

在古代奥运会中，体育竞技仅是活动之一，还有祭神、朗诵、开集市等诸多精彩的活动。其中，**祭神**是古代奥运会中最具特色的活动。最早的奥运会是在奥林匹亚的阿尔齐斯神域内进行的，后来才在神域的东北角修建了一座专门的长方形运动场。

圣火是奥运会的标志。在古希腊神话传说中，神王宙斯禁止人类用火，普罗米修斯从天上盗取火种送给人类。为了纪念这件事，古希腊人会在奥运会开始前从奥林匹亚的祭坛前采集圣火，并传递到奥运会会场。

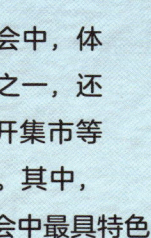

现代奥运会

由于战争等原因,古代奥运会停办了 1500 多年。随着经济和社会的发展,国与国之间的交往日益密切,出于维护世界和平、增进了解和交流的目的,现代奥运会于 1896 年又重新办起来了。

"文艺复兴""启蒙运动"等一系列思想文化运动让新兴的资产阶级对古希腊文化和体育思想产生了浓厚的兴趣,引起了人们对古代奥运会的向往。

1892 年,法国教育家顾拜旦呼吁复兴奥运会。之后,在他的倡议下,12 个国家的 79 名代表,于 1894 年 6 月成立了国际奥林匹克委员会。

1896 年,在经过重修的雅典帕纳辛奈科体育场举办了第一届现代奥运会。

一切准备就绪,1896 年 4 月,多个国家在希腊首都雅典举办了第一届现代奥林匹克运动会,之后每 4 年举办一次,奥运会历史开启了新的篇章。

顾拜旦

拓展

奥林匹克五环

除延续了从奥林匹亚采集圣火传递到奥运会场点燃的传统外,现代奥运会还设计了奥林匹克五环作为奥运会的会徽。会徽是蓝、黄、黑、绿、红 5 种颜色的环形互相套接组成,这 5 种颜色和背景的白色包含了当时世界上所有国家国旗的颜色,五环连在一起象征着全世界的人们团结友爱,以及全世界的运动员以公正、坦率的运动员精神在奥运会上相见。

现代奥运会还发展出冬季奥运会和残疾人奥运会等相关赛事,成为代表全世界人民和平友谊的盛会。

1924 年,在法国的夏慕尼举办了第一届冬季奥运会。从此之后,冬季奥运会和夏季奥运会开始分开举办。

1960 年,国际奥委会和国际残疾人奥委会专门为残疾人举办了奥运会;1976 年,在瑞典的恩舍尔兹维克举办了第一届冬季残疾人奥运会。

31 受伤的地球和人类的未来

科技的发展让人类过上了舒适的生活。21世纪，人类进入有史以来文明最发达、物质生活最丰富的时代。城市中高楼林立，汽车在街道上穿梭，餐厅中随时有热气腾腾的美味食物，坐上飞机一天就能到达大洋的彼岸。然而，高度发达的文明背后是对地球的伤害，我们的地球"母亲"已经千疮百孔。

温室气体

人类燃烧石油、煤炭等化石燃料，会产生大量二氧化碳（CO_2）、甲烷（CH_4）和一氧化二氮（N_2O）等温室气体，这些气体进入地球的大气层，会导致全球气温升高。

臭氧层空洞

臭氧（O_3）层就像地球的衣服一样，保护着地球上的生物。它分布在距离地面20~50千米的高空，可以阻挡大部分强紫外线对地面的辐射。可是，20世纪中叶以来，随着氯氟烃（CFC_s）等化学物质的排放，臭氧层遭到严重破坏，南极圈的臭氧层甚至出现了空洞，对所在地区的生物产生了严重的影响。

有毒气体

工业生产有时还会产生很多有毒气体，如二氧化硫（SO_2）、一氧化碳（CO）等。这些气体如果不经过处理就排放到空气中，会造成严重的空气污染，危害人类的身体健康。

垃圾堆积

人类的工业生产和日常生活会制造大量的垃圾，这些垃圾如果不能妥善处理，会造成水污染、空气污染、土壤污染等。

物种灭绝

随着工业的发展和科技的进步，人类活动的范围不断扩张，对植物和动物的破坏与日俱增，地球上物种的总数量正在不断减少，许多物种以空前的速度衰亡、灭绝。

地球是人类共同的"母亲"，也是人类赖以生存的家园，地球的未来就是人类的未来。现在，就让我们行动起来，一起守护地球，让未来更加美好！

放射性污染

随着原子能的发展，人类将会面临越来越多放射性污染的威胁。核电站运转中产生的具有放射性的废水、废气和废弃物一旦发生泄露，将危害全人类的安全。

冰川融化

随着全球变暖的加剧，南极和北极的冰川正在融化，融化的冰川汇入海洋，全球的海平面在不断升高。如果这样的情况持续下去，很多美丽的岛屿将会永远消失在海水中，居住在沿海地区的人类也会受到威胁。

海洋生态环境安全

陆地上的垃圾如果随着河流汇入海洋，就会威胁海洋的生态环境安全。目前，仅太平洋中就漂浮着1800多万吨的塑料垃圾，它们在北太平洋地区形成的巨大垃圾带，已经有3个法国的面积那么大了。

就连马里亚纳海沟的海底也发现了塑料袋。

海洋垃圾不仅会对水体造成污染，还会夺取无数海洋生物的生命。如何妥善处理海洋污染问题，值得人类深思。

版权专有 侵权必究

图书在版编目（CIP）数据

孩子读得懂的人类简史 / 王阳著；詹蕾绘. -- 北京：北京理工大学出版社，2022.8
ISBN 978-7-5763-1418-2

Ⅰ. ①孩… Ⅱ. ①王… ②詹… Ⅲ. ①世界史—少儿读物 Ⅳ. ①K109

中国版本图书馆CIP数据核字（2022）第105618号

出版发行 / 北京理工大学出版社有限责任公司	
社　　址 / 北京市海淀区中关村南大街5号	
邮　　编 / 100081	
电　　话 /（010）68914775（总编室）	
（010）82562903（教材售后服务热线）	
（010）68944723（其他图书服务热线）	
网　　址 / http://www.bitpress.com.cn	
经　　销 / 全国各地新华书店	
印　　刷 / 唐山才智印刷有限公司	
开　　本 / 787毫米×1200毫米　1/12	
印　　张 / 6	责任编辑 / 李慧智
字　　数 / 90千字	文案编辑 / 李慧智
版　　次 / 2022年8月第1版　2022年8月第1次印刷	责任校对 / 刘亚男
定　　价 / 78.00元	责任印制 / 施胜娟

图书出现印装质量问题，请拨打售后服务热线，本社负责调换